Habita tu cuerpo

Judith Blackstone

Habita tu cuerpo

Una guía para las personas
espiritualmente sensibles

EDICIONES OBELISCO

Si este libro le ha interesado y desea que le mantengamos informado de nuestras publicaciones, escríbanos indicándonos qué temas son de su interés (Astrología, Autoayuda, Ciencias Ocultas, Artes Marciales, Naturismo, Espiritualidad, Tradición...) y gustosamente le complaceremos.

Puede consultar nuestro catálogo en www.edicionesobelisco.com

Colección Psicología
Habita tu cuerpo
Judith Blackstone

1.ª edición: mayo de 2020

Título original: *Belonging Here. A Guide for the Spiritually Sensitive Persone*

Traducción: *Daniel Aldea*
Corrección: *TsEdi, Teleservicios Editoriales, S. L.*
Diseño de cubierta: *Isabel Estrada*

Edita: Ediciones Obelisco, S. L.
Collita, 23-25. Pol. Ind. Molí de la Bastida
08191 Rubí - Barcelona - España
Tel. 93 309 85 25 - Fax 93 309 85 23
E-mail: info@edicionesobelisco.com

ISBN: 978-84-9111-573-1
Depósito Legal: B-2.903-2020

Impreso en España en los talleres gráficos de Romanyà/Valls S. A.
Verdaguer, 1 - 08786 Capellades - Barcelona

Printed in Spain

Introducción

Sensibilidad espiritual

Aunque todo el mundo es capaz de experimentar un despertar espiritual, las personas que se sienten atraídas desde una edad temprana por la senda espiritual suelen poseer un tipo especial de disposición o sensibilidad, la cual puede adoptar distintas formas: una percepción muy desarrollada, un exceso de energía, una profundidad emocional excepcional o la capacidad de reconocer la verdad en distintas situaciones. Cada uno de estos dones puede convertirse en una puerta de entrada a la dimensión sutil o espiritual de la vida, y pueden evolucionar en el amor incondicional y la claridad de la visión espiritual. Sin embargo, cuando aparecen durante la infancia, también pueden provocar algunos problemas, como, por ejemplo, conflictos en nuestras relaciones, poca tolerancia a los estímulos sensoriales o la sensación de estar en desacuerdo con los valores de nuestra cultura.

Los diversos desafíos que puede provocar la sensibilidad espiritual, así como las estrategias de protección a las que recurrimos para sobrellevarlos, pueden interferir en nuestro desarrollo y continuar afectándonos durante la edad adulta. Y es posible que se conviertan en obstáculos para nuestra vida personal y espiritual, y nos hagan sentir aislados tanto del mundo que nos rodea como de nosotros mismos. Incluso aquellos que han seguido una senda espiritual durante años pueden experimentar una incapacidad para avanzar en su despertar espiritual por culpa del impacto de estos problemas precoces.

Todos los niños deben encontrar el modo de enfrentarse a los desafíos de su entorno, a las limitaciones o carencias de amor y seguridad presentes incluso en las familias más cariñosas y seguras. No obstante, los niños espiritualmente sensibles se enfrentan a una serie de desafíos únicos. Desde una edad muy temprana, viven en una dimensión de percepción, experiencia emocional y entendimiento que no comparten la mayoría de las personas que les rodean.

A veces incluso su aspecto es distinto. Su cuerpo suele ser más blando y permeable que el de otras personas. Sus ojos, profundos y luminosos. Su rostro y su cuerpo suele tener una fluidez y expresividad especial, y la intensidad de sus emociones puede hacer temblar el suelo bajo sus pies. A veces tienen un aspecto «absorto», como si observaran el mundo desde un lugar recóndito de su ser.

Sobre todo durante la infancia, su dulzura puede hacer que se sientan más débiles que los otros niños y que se conviertan en el objetivo de los abusones o que terminen relegados a los márgenes del microcosmos escolar.

Cuando crecen, estos niños pueden tener una conciencia muy desarrollada de las diferencias que los distinguen de los demás. Uno de los chicos con los que trabajo, por ejemplo, siempre mantiene el cuerpo encogido, como si quisiera pasar desapercibido. Se siente incapaz de defenderse de las opiniones de los demás, pero, en el fondo, sabe que es una persona dotada, aunque de un modo que le resulta difícil de describir a los demás.

Las personas espiritualmente receptivas se ven profundamente influidas por el mundo que las rodea. Suelen tener una empatía muy desarrollada, lo que provoca que experimenten el sufrimiento emocional, e incluso físico, de los demás como si fuera el suyo propio. Pueden llegar a ser tan conscientes del sufrimiento en el mundo que consideren la búsqueda de su propia felicidad como un acto egoísta.

Otra manifestación de la sensibilidad espiritual es la abundancia de energía. Aunque todos los niños sanos parecen animados por una luz interior, los niños espiritualmente dotados destacan por su energía especialmente radiante y por su tenacidad. Esto también provoca a veces que sean más difíciles de tratar, más exigentes y menos obedientes que los otros niños.

Las personas con una abundancia de energía pueden considerarse mejores o más poderosas que las demás. En su infancia, incluso es posible que se sientan más poderosas que los adultos con los que se relacionan. Algunos de los individuos con dicho poder extraordinario pueden llegar a tener miedo de experimentar o expresar la totalidad de su ser, por miedo a alejar o lastimar a otras personas. En la edad adulta, como estrategia para enmascarar su vitalidad, pueden parecer especialmente tímidos o arrepentidos. A menudo suelen expresar la preocupación de ser «demasiado» para los demás.

La energía a veces se experimenta como vitalidad pero también como fluidez. Cuando alguien se siente internamente fluido en lugar de poderoso, puede sentirse especialmente maleable e impresionable. En vez de sentirse como una entidad encerrada y separada, se siente permeable, como si todo lo que hay a su alrededor pudiera penetrar en su interior, y como si él mismo pudiera «filtrarse» a la vida que le rodea. Es posible que llegue a tener la sensación de que se funde con, o incluso se convierte en, las identidades de las personas con las que se relaciona. «Soy como un camaleón», me dijo una mujer. «Me transformo en mi entorno». Aunque a veces puede resultar placentero el hecho de convertirse en o fusionarse con otras personas o cosas, también provoca confusión y agotamiento, la pérdida de nuestros anclajes, como si «el viento nos arrastrara de un lado a otro».

Las personas que son muy fluidas también corren el riesgo de terminar desconectadas y difusas. De niños suelen usar la abundancia de energía de la que disponen para elevarse o expandirse más allá de su cuerpo y, de ese modo, reducir el impacto de determinadas circunstancias dolorosas o abrumadoras. De adultos, ese estado crónico de desconexión puede provocar ansiedad y desorientación. Sienten que no disponen de ninguna base para su abundante energía ni ninguna forma de conectar con la tierra. En una ocasión trabajé con una mujer incapaz de sentir el suelo bajo sus pies; sólo se sentía realmente viva en la cabeza, o incluso por encima de ésta. Solía quejarse de la falta de apoyo por parte de su familia y sus colegas, y de tener que hacerlo siempre todo ella. En cuanto sintió el suelo bajo sus pies, dejó de quejarse. Me aseguró que todo lo que hacía parecía más sencillo gracias a que por fin podía sentir el peso de su cuerpo apoyado en el suelo.

El talento y la receptividad de los niños espiritualmente sensibles les convierte en seres profundamente vulnerables, por ejemplo, a las fugaces expresiones de la ira, la decepción o el desinterés por parte de sus padres. Como una mujer me dijo sobre la relación con sus padres: «Notaba todos los cambios, todos los matices de sus estados de ánimo». Estos niños pueden verse profundamente afectados por acontecimientos que tienen mucho menos impacto en sus hermanos. Como resultado de ello, pueden erigirse en el «paciente identificado», aquel cuyo dolor o ira se convierte en una fuente de desconcierto o ridículo por parte de los otros miembros de la familia.

Los niños espiritualmente sensibles también pueden reprimir su experiencia o la expresión de su personalidad con una especial intensidad y fuerza de voluntad. Para defenderse del dolor emocional, o para moldearse a sí mismos y, de ese modo, poder encajar en la familia y en su círculo de amigos, a veces llegan a crear profundas fragmentaciones y restricciones en su cuerpo. Como resultado de ello, su desarrollo personal suele sufrir importantes desequilibrios; en la edad adulta presentan una mezcla poco común de madurez e inmadurez, de receptividad y rigidez. Una persona puede ser extremadamente compasiva y capaz de establecer un contacto emocional profundo con los demás y, paralelamente, estar tan restringida en la zona pélvica que evite por completo las relaciones íntimas. O puede estar rebosante de sabiduría y bondad, pero sufrir una restricción tal en las cuerdas vocales que sea incapaz de expresar sus necesidades y opiniones.

A veces, los niños expresan su sensibilidad espiritual de forma directa, describiendo experiencias tales como visiones de luz sutil, viajes extracorporales u otros fenómenos. Si sus relatos de la dimensión espiritual reciben el descrédito o la censura de la familia, es posible que intenten encontrar un contexto a sus experiencias. De niño, un hombre que conozco siempre veía luz alrededor de las personas. Pese a que sus padres no le creían, él se dio cuenta de que la luz que veía se parecía mucho a los halos de los ángeles que decoraban las paredes de la iglesia. Aunque no se lo contó a nadie, le intrigaba aquella semejanza entre la gente normal y los ángeles, y se consolaba pensando que lo que él era capaz de ver ya lo habían visto y plasmado otras personas. Aquella explicación le bastó para mantener y desarrollar su visión sutil, la cual contribuyó cuando se hizo mayor a sus excepcionales aptitudes como sanador.

Otros niños tal vez lleguen a conclusiones menos positivas sobre sus percepciones y experiencias. En algunos casos, estas conclusiones evolucionan en un sistema de creencias fantástico que puede limitar su experiencia vital en la edad adulta. Conocí a una mujer que desde niña era capaz de predecir acontecimientos, como la muerte de familiares o el sexo de los nuevos miembros de la familia. Esta mujer creció convencida de que poseía «poderes sobrenaturales» que la convertían en alguien completamente distinto a los demás. Esta creencia, combinada con el aislamiento familiar y la educación religiosa que recibió durante su infancia, se convirtió en una fuente de terror al creer que si revelaba a los demás sus poderes, iba a sufrir una muerte tan horrible como la de Jesucristo. Ya en la edad adulta, tardó varios años en descubrir que había otras personas con dones similares a los suyos y que sus habilidades podían ser un motivo de gratitud en lugar de persecución.

Los niños espiritualmente dotados, debido a su sensibilidad, capacidad de respuesta emocional y receptividad al dolor de los otros miembros de la familia, a veces se sienten y aparentan ser más maduros que las personas que les rodean. Parecen tener «almas viejas», siempre atentos ante el sufrimiento, las hipocresías y las complejidades de la vida familiar. Esta cualidad a menudo hace que adopten en el seno familiar el rol del confidente o incluso del salvador, aquel que escucha los problemas de todo el mundo. Es posible que tengan la sensación de ser los únicos que saben lo que ocurre realmente bajo la capa de normalidad y decoro. No obstante, si no reciben un apoyo adecuado a sus observaciones, pueden empezar a dudar de sus propios sentidos o incluso de su cordura. Pueden llegar a sentirse culpables de sus percepciones, o de su incapacidad para aliviar la angustia que perciben en sus padres y hermanos.

Los niños que, de algún modo, se sienten mayores que sus padres o profesores pueden crecer con el convencimiento de que no tienen a nadie que pueda guiarlos o educarlos. Por lo tanto, a menudo se sienten inseguros en su mundo. Aunque se muestren extraordinariamente independientes, también albergan la profunda necesidad de encontrar a alguien que, de una vez por todas, cuide de ellos. Es posible que tengan la sensación de no haber sido nunca niños y, al mismo tiempo, de no haber crecido del todo.

También suelen tener la sensación de que nadie es capaz de conectar con ellos de un modo profundo ni de reconocer su auténtica naturaleza, o que necesitan alejarse de los demás para poder ser ellos mismos. La falta de una auténtica conexión con figuras significativas durante su infancia puede hipotecar el desarrollo de una conexión con ellos mismos, así como su capacidad para sentir la proximidad de los demás.

Las personas espiritualmente sensibles suelen tener dificultades para encontrar un tratamiento psicoterapéutico adecuado. Aunque padecen los mismos trastornos psicológicos y recurren a las mismas estrategias defensivas que el resto de la gente, las causas de estos problemas, y, por tanto, el modo de resolverlos, pueden ser distintas en el caso de las personas espiritualmente receptivas. Además, la extrema vulnerabilidad de este tipo de individuos a los estímulos ambientales, la intensidad de su dolor emocional o el rechazo de los valores sociales convencionales puede parecer extremadamente patológico para aquellos psicoterapeutas que no tienen su misma sensibilidad. Esto significa que sus dones pueden ser interpretados como síntomas del sufrimiento en lugar de como la causa que los provoca, y es posible que durante la terapia no se reconozcan ni se desarrollen los aspectos que ellos saben que son más valiosos.

Llevo más de treinta años trabajando con personas espiritualmente dotadas como psicoterapeuta y maestra espiritual. Casi todas ellas sentían algún tipo de desconexión del mundo cotidiano, la sensación de no terminar de encajar del todo en él. Lo que me ha impulsado a escribir este libro han sido sus dilemas: la excesiva vulnerabilidad ante los estímulos sensoriales, la insoportable empatía ante el sufrimiento de los demás, la falta de filtros ante la hipocresía y la brutalidad del mundo que las rodea, la incapacidad para conectar adecuadamente con otras personas o para encontrar su lugar en el mundo. En los siguientes capítulos encontrarás la forma de sentirte más cómodo contigo mismo y con tu entorno, al tiempo que desarrollas los dones de la sensibilidad, la profundidad emocional y el entendimiento. Te mostraré cómo dichos dones pueden convertirse en una puerta de entrada tanto al mundo cotidiano de la conexión humana compartida como a la dimensión espiritual más sutil de tu propio ser.

El libro está dividido en dos partes. En la primera, se presenta el Proceso de Reconocimiento: un enfoque incorporado del despertar espiritual que incluye tanto la sanación psicológica como la relacional. El primer capítulo de esta sección se centra en la incorporación y sus efectos en nuestro sentido de la identidad, la experiencia del equilibrio y la conexión con la tierra, la respiración y la energía, así como en las relaciones con los demás.

Cuando vivimos en el espacio interno de nuestro cuerpo, nos sentimos interiormente completos y, al mismo tiempo, somos capaces de conectar profunda y auténticamente con el mundo que nos rodea. Al habitar el cuerpo, descubrimos una dimensión fundamental de nosotros mismos (que yo denomino *consciencia fundamental*) que impregna tanto nuestro cuerpo como nuestro entorno. Cuando experimentamos esta conciencia sutil que impregna nuestro cuerpo, percibimos el contacto directo con nosotros mismos y nos sentimos cómodos y vivos dentro de él. Cuando experimentamos dicha consciencia impregnando al mismo tiempo nuestro cuerpo y nuestro entorno, alcanzamos una sensación de unidad con todas las cosas y personas con las que nos relacionamos.

La relación entre la mente y el cuerpo, o la consciencia y la materia, ha sido uno de los principales misterios de la vida humana a lo largo de la historia, y sigue siendo el «problema fundamental» tanto para los científicos como para los filósofos actuales. La mayor parte de las tradiciones religiosas o bien ignoran el cuerpo o bien lo rechazan, como algo molesto que debe dejarse de lado en el empeño por alcanzar una dimensión más elevada, mientras que la mayoría de los tratamientos médicos ignoran la influencia que ejerce la mente sobre el cuerpo. Incluso cuando se reconoce la importancia de la mente en la enfermedad y la sanación, la cuestión suele abordarse desde una perspectiva polarizada, como el triunfo de «la mente sobre la materia».

Pero aunque no podamos comprender la relación entre el cuerpo y la mente desde una perspectiva intelectual o científica, sí podemos resolver la división entre cuerpo y mente a través de la experiencia. Habitar el cuerpo significa ser conscientes desde todo el espacio interior de nuestro cuerpo. Constatamos que estamos hechos de la transparencia y la luminosidad de la consciencia. Además, experimentamos que todo lo que nos rodea también está hecho de esa misma transparencia. De este modo, la integración entre el cuerpo y la mente nos permite descubrir la esencia espiritual de nuestro ser individual y del resto de la vida.

En el capítulo 2 se presentan las principales prácticas del Proceso de Reconocimiento. Los ejercicios descritos en este capítulo y en el resto del libro permiten descubrir la consciencia fundamental mediante la práctica de habitar el espacio interno de nuestro propio cuerpo.

Estas prácticas nos ayudan a tolerar la sensibilidad sensorial extrema mediante el desarrollo del contacto profundo con nosotros mismos. Cuando logramos incorporar la consciencia fundamental, la estimulación de nuestro entorno se desplaza a través de nuestro cuerpo sin abrumarnos. Al mismo tiempo, la armonización con esta dimensión de nosotros mismos puede ayudarnos a mejorar nuestra capacidad de percepción y, de ese modo, volvernos aún más sensibles a los fenómenos sutiles, como, por ejemplo, las vibraciones de luz y sonido que emiten los organismos vivos. Los ejercicios del Proceso de Reconocimiento también pueden ayudarnos a vivir cómodamente con nuestras respuestas emocionales a través de un proceso que nos llevará a encontrar la quietud y la estabilidad de la consciencia fundamental en el movimiento de nuestras emociones. Todo esto nos servirá para sentirnos más anclados y centrados, permitiéndonos vivir en un mundo de sufrimiento y confusión sin perder la conexión con nuestro propio sentido de la verdad.

En el capítulo 3 mostraremos cómo el Proceso de Reconocimiento puede ayudarnos a superar los traumas de la infancia. Por ejemplo, reconociendo y liberando los patrones de protección del cuerpo que nos provocan una sensación de alejamiento, tanto de nosotros mismos como de nuestro entorno, y que limitan nuestro despertar espiritual.

Hoy en día sabemos que el trauma no está limitado exclusivamente a sucesos poco habituales de miedo extremo, como una violación, la guerra o un terrible accidente. Los psicólogos contemporáneos hablan de «trauma relacional», es decir, aquel que se desarrolla como resultado de interacciones dolorosas, especialmente durante la infancia, y que resultan demasiado abrumadoras para ser plenamente experimentadas en el momento en que se producen. Estos momentos «no vividos» de miedo, ira, pena y confusión quedan ligados a nuestro cuerpo, junto al resto de las actitudes corporales que se producen durante estos abrumadores sucesos, como, por ejemplo, huir del peligro o soltar el aire para combatir la tristeza.

Los sucesos que provocan el trauma relacional, especialmente cuando son reiterativos, se enquistan en los tejidos corporales, constriñendo y fragmentando el cuerpo y la mente para evitar que podamos experimentarnos a nosotros mismos como un todo completo en el interior de nuestro propio cuerpo. Aunque afectan a la anatomía física del cuerpo, en realidad se producen en una dimensión más sutil de nuestro ser, donde el cuerpo y la mente se encuentran estrechamente relacionadas. Para poder entrar en contacto y liberar los recuerdos traumáticos vinculados a nuestro propio cuerpo, debemos entrar en contacto con nosotros mismos y encontrar el aspecto de nuestra consciencia que no reside únicamente en nuestra cabeza, sino en todo nuestro cuerpo.

Despertar a la consciencia fundamental habitando nuestro cuerpo nos permitirá sentirnos más vivos y completos en tanto seres humanos únicos y trascender nuestro ser individual. De este modo, la incorporación contribuye tanto a la madurez psicológica como a la espiritual.

La segunda parte del libro analiza cinco dificultades específicas a las que suelen enfrentarse las personas espiritualmente sensibles: el desafío inherente al hecho de volverse resistente a los estímulos sensoriales, mantener la conexión con la tierra y la autenticidad, sentirse satisfecho con la vida sin renunciar a la compasión por el sufrimiento ajeno y aceptarse tanto a uno mismo como al mundo tal y como es. A lo largo de estos cinco capítulos, a través de las experiencias de algunos de mis clientes con los ejercicios del Proceso de Reconocimiento, descubriremos cómo puede ayudarnos la incorporación a conectar con nuestro entorno y a profundizar en nuestra relación con la dimensión espiritual.

Evidentemente, nadie termina de encajar del todo en determinadas categorías. Aunque aquí presento historias de personas que se han enfrentado a estos problemas, he optado por seguir un único hilo conductor de su entramado vital con el objetivo de ilustrar mejor el tema de cada capítulo. También he combinado y alterado las historias de las distintas personas para proteger su privacidad. A medida que avances en la lectura del libro, es posible que encuentres tu propia combinación única de desafíos personales y dones espirituales entre las categorías presentadas.

Aunque he desempeñado el papel de terapeuta y maestra con las personas que acuden a mi consulta, también las considero mis iguales, mis valiosos compañeros en la senda espiritual. Suele decirse que los mejores psicoterapeutas o maestros espirituales no son más que una suerte de espejo para el cliente o alumno en el cual pueden verse reflejados sin miedo al rechazo y con compasión. Sin embargo, estas personas espiritualmente dotadas también han sido un espejo para mí, ayudándome a ser más compasiva en mi propia lucha por convertirme en un ser humano conectado, resistente y auténtico, y para vivir con comodidad en un mundo que antes me resultaba extraño.

A pesar de haber crecido en un hogar profundamente ateo, desde muy pequeña percibí una especie de presencia que parecía animar tanto las ramas de los árboles frente a la ventana de mi habitación como el cielo más allá de éstos, una sensación difícil de detectar en la impoluta atmósfera racional que dominaba la casa de mis padres. Nunca me abandonó la necesidad de conocer aquella presencia tan sutil y tentadora, de aproximarme a ella. Sin embargo, durante mucho tiempo sentí que no debía hablarle a nadie de aquella extraña necesidad. No fue hasta los veintitantos cuando finalmente descubrí la existencia de numerosas personas que también seguían el hilo de un sentido sutil o intuición hacia algún tipo de posibilidad apenas tangible. Personas que se encuentran en áshrams y en monasterios budistas de reciente creación, en iglesias místicas, en sinagogas, o simplemente personas que tratan de encontrar su camino en el mundo.

El budismo zen dice lo siguiente de los maestros iluminados: «Como dos ladrones en la noche, se reconocen el uno al otro inmediatamente». Los que nos encontramos en la senda espiritual también nos reconocemos mutuamente y, al encontrarnos, sentimos un gran alivio. Espero que a lo largo del libro reconozcas algo de ti mismo en las historias de sanación y que te inspiren y ayuden a desarrollar tus dones espirituales.

Judith Blackstone
Woodstock, Nueva York

Primera parte
El Proceso de Reconocimiento

Capítulo 1

Incorporación

Mira con el ojo, oye con el oído, huele con la nariz,
habla con la boca, agarra con la mano, corre con la pierna.
La fuente no es más que una esencia iluminadora.

Rinzai

En este libro presentamos un método de despertar espiritual incorporado denominado «Proceso de Reconocimiento». Con despertar espiritual nos referimos a la profundización y mejora del contacto con nosotros mismos y nuestro entorno que nos acerca al descubrimiento de la esencia primaria de nuestro ser. Por incorporación, entendemos la experiencia continua de habitar el espacio interior de nuestro cuerpo.

Vivir dentro de nuestro cuerpo y comprender esta esencia espiritual puede ayudarnos a resolver todos los desafíos de la sensibilidad espiritual. Seremos capaces de experimentar la vida con toda su intensidad, incluso abrirnos más plenamente a ella, sin sentirnos abrumados. Nos volveremos más resistentes a los estímulos sensoriales y al sufrimiento emocional, nos convertiremos en seres humanos más auténticos y centrados, y aceptaremos más fácilmente tanto nuestras limitaciones como el dolor y la confusión del mundo que nos rodea.

Consciencia fundamental

Las diversas literaturas espirituales del mundo han llamado de muchas maneras a la esencia original de nuestro ser: naturaleza de Buda, sabiduría de la mente, Ser, consciencia pura y consciencia unificadora, por citar sólo unas cuantas. En el Proceso de Reconocimiento recibe el nombre de *consciencia fundamental.*

Experimentamos la consciencia fundamental como una quietud y una amplitud vastas e ininterrumpidas que impregnan, y unifican, tanto la totalidad de nuestro cuerpo como nuestro entorno. Gracias a ella, podemos abrirnos completamente a la vida y entrar en contacto directo e íntimo con todo lo que nos rodea.

Esta esencia de nosotros mismos está siempre presente. No tenemos que crearla ni imaginarla. Porque no es algo que exista separadamente; no podemos conocerla como podemos conocer un objeto. Más bien podríamos decir que la consciencia fundamental se experimenta a sí misma. Se conoce a sí misma. En tanto consciencia fundamental, nos conocemos a nosotros mismos. Reconocemos nuestra naturaleza esencial.

Dado que esta consciencia sutil impregna todo nuestro cuerpo, es el fundamento de nuestra totalidad individual, de nuestro auténtico sentido del ser. Al impregnar tanto nuestro cuerpo como nuestro entorno, se convierte en la base de nuestra unidad con todo aquello que nos rodea.

En esta unidad del yo-otro, no perdemos el contacto con nosotros mismos porque experimentamos la consciencia fundamental como la base de nuestro ser individual. Al vivir en el interior de nuestro propio cuerpo y reconocernos a nosotros mismos en dicha esencia, experimentamos una cohesión interna, un sentido de nuestra existencia personal, al tiempo que experimentamos la comunión con nuestro entorno. Estamos ante una interesante paradoja de la madurez espiritual: nos volvemos más presentes, unificados y completos en tanto individuos, y, al mismo tiempo, trascendemos nuestra individualidad.

La primera vez que experimenté esto, estaba viviendo en un monasterio zen situado al norte del estado de Nueva York. Aunque me encantaban los rituales y el estricto programa de meditación del monasterio, la vida comunal no iba conmigo. Teníamos que comer siempre juntos, hacer todas las prácticas juntos y trabajar juntos, por ejemplo, limpiando el monasterio o cuidando el jardín. Siempre había tenido la sensación de que la presencia de otras personas me impedía entrar en contacto conmigo misma, escuchar mis propios pensamientos o descubrir mis sentimientos. Cuando me relacionaba con los demás, solía tener la sensación de que me fusionaba con ellos. Era como si no hubiera una barrera, un límite entre mi persona y el mundo que me rodeaba, y a menudo sentía como si me arrancaran de mí misma para arrojarme a mi entorno. Los primeros meses en el monasterio me sentí desorientada y abrumada por la presencia constante de tantas personas a mi alrededor.

Una semana al mes teníamos *sesshin*, un período intensivo de meditación durante el cual debíamos estar completamente en silencio y continuar con la meditación incluso cuando se terminaban las prácticas. Para mí, aquello era tan difícil como «socializar» durante el resto del mes. Me resultaba casi imposible mantener la calma y la concentración interior con tantas personas a mi alrededor.

Con el tiempo, y al continuar meditando con otras personas todos los días, empecé a notar un cambio notable en mi conexión tanto conmigo misma como con la comunidad. Tuve la sensación de estar acercándome al auténtico centro de mi cuerpo, de estar viviendo en un lugar más central de mi ser. Como consecuencia de ello, la gente parecía estar más alejada de mí y, al mismo tiempo, ser más accesible. Tenía la sensación de estar relacionándome con los demás a través de la distancia que nos separaba y, sin embargo, sentía una profunda vinculación con ellos, una especie de resonancia entre mi propio ser y el suyo.

En verano, cuando ya llevaba en el monasterio casi un año, a menudo iba a un arroyo cercano para pasar la tarde. Cierto día, me di cuenta de que las rocas parecían extrañamente ligeras, como si estuvieran hechas de espacio vacío. Todo lo que miraba tenía la misma transparencia luminosa. Tuve la sensación de que podía arrancar los árboles del suelo o lanzar las rocas por encima del hombro sin dificultad. Aquella noche, sentada en un banco en el exterior del monasterio, de repente comprendí que yo también era transparente. En lugar de sentirme impulsada hacia el espacio que me rodeaba, me sentía completamente impregnada por ese espacio. Tanto mi cuerpo como mi entorno estaban hechos del mismo espacio luminoso.

Aunque ya han pasado más de treinta años, esa experiencia nunca me ha abandonado. Desde entonces, he continuado abriendo y habitando más áreas de mi cuerpo para poder acceder a esa esencia espiritual de una forma más plena. El proceso que permite sentirnos más completos en nuestro propio cuerpo al tiempo que profundizamos en la conexión con el mundo que nos rodea me ha ayudado a integrar la madurez personal y la espiritual, erigiéndose en la base de la mayoría de las prácticas del Proceso de Reconocimiento.

Incorporación

Habitar el cuerpo significa penetrar y vivir dentro de la profundidad interna de nuestro cuerpo. No basta con ser conscientes de él. Es algo muy distinto, por ejemplo, a un «escaneo corporal», mediante el cual redirigimos nuestra consciencia de una parte del cuerpo a otra. Tampoco significa únicamente ser más conscientes de nuestra respiración o de las sensaciones físicas. Cuando habitamos nuestro cuerpo, nos hacemos presentes dentro de él. Sentimos que *somos* el espacio interno de nuestro propio cuerpo.

Para entenderlo mejor, centra unos momentos la atención en tus manos. Mientras lo haces, es posible que sientas cómo se tensan o se relajan, o tal vez el calor que emiten. Incluso puedes llegar a percibir corrientes sutiles de energía o fuerza vital circulando por su interior. Así es cómo puedes llegar a ser consciente de tus propias manos. Ahora, entra en ellas, habítalas. Conviértete en el espacio interior de tus manos para poder experimentarlas de una forma distinta. En cierto modo, tus manos se experimentan a sí mismas porque han dejado de ser objetos separados de ti.

Es posible que te hagas la siguiente pregunta: si no vivo en mi cuerpo, ¿dónde vivo entonces? La mayoría de las personas viven principalmente en una parte de su cuerpo, en la cabeza o en el estómago, por ejemplo. O puede que se experimenten a sí mismos en la superficie del cuerpo, o incluso delante o por encima de éste. Muchos de nosotros crecemos experimentándonos a nosotros mismos en el límite superficial entre nuestro cuerpo y nuestro entorno, en lugar de hacerlo en la profundidad interna del cuerpo. El patrón que determina el lugar de nuestro cuerpo en el que vivimos y cómo nos relacionamos con nuestro entorno queda fijado muy pronto durante la infancia, en función de la relación que tengamos con nuestros padres. Por ejemplo, si nuestros padres se relacionan principalmente desde la cabeza, nosotros haremos lo mismo para poder conectar con ellos. Si ellos viven sobre todo delante de sus cuerpos, nosotros reproduciremos dicho patrón y abandonaremos también nuestro cuerpo. Además de esta imitación inconsciente de otras personas, también nos protegemos de las circunstancias dolorosas constriñendo y abandonando el espacio interno de nuestros cuerpos. Me detendré en esto con más detalle en el capítulo dedicado a los traumas.

Experimentarnos a nosotros mismos en tanto consciencia fundamental que impregna nuestro cuerpo nos permite ser conscientes en todo el cuerpo, lo que nos confiere una sensación de profundidad interior. Sentimos que ocupamos el espacio, obteniendo una sensación de calma y confianza en nosotros mismos, de existir realmente como individuos separados. De igual modo, al habitar todo el cuerpo de forma simultánea, seremos capaces de disolver la barrera que se interpone entre nosotros y nuestro entorno, y descubrir una auténtica experiencia de unidad, o continuidad, con los demás y con el mundo que nos rodea.

Incorporación como vacío

Sabemos que el cuerpo humano es un intrincado diseño de estructuras anatómicas, compuesto de elementos materiales tales como el tejido muscular, la sangre y los huesos. Sin embargo, cuando habitamos el interior de nuestro cuerpo, descubrimos que su espacio interno está compuesto por el espacio de la consciencia fundamental, el cual se halla completamente abierto. Independientemente de la parte del cuerpo que habitemos, nos abriremos a la vida. Percibiremos esa parte de nuestro cuerpo como permeable en lugar de sólida. Esto significa que el contacto con el espacio interior de nuestro cuerpo es el camino que nos lleva a abrirnos a nuestro entorno.

Por ejemplo, si dedicas unos instantes a sentir que habitas el interior de tu pecho, es posible que percibas que el momento presente se desarrolla de forma simultánea tanto fuera como dentro de tu cuerpo. Cuando habites el interior de tu pecho, también podrás responder emocionalmente a lo que suceda en tu entorno. Tus emociones fluirán con mayor profundidad y libertad. Cuando habitamos la totalidad de nuestro cuerpo, estamos abiertos por completo a nuestro entorno y somos totalmente permeables. Nos percibimos a nosotros mismos como si estuviéramos hechos de espacio vacío. Nos volvemos transparentes, como un recipiente vacío que acepta cada instante tal y como es realmente.

Cuando experimentamos la transparencia de nuestro propio cuerpo, también percibimos el entorno del mismo modo, como si el espacio vacío lo impregnara todo. En ese momento, desaparecen las barreras o divisiones entre la vida interior de nuestro cuerpo y la vida más allá de nosotros mismos, en nuestro entorno. Cada instante presente ocurre tanto dentro como fuera de nosotros mismos, y lo percibimos como una unidad.

En tanto consciencia fundamental, nos percibimos a nosotros mismos, así como a todo aquello que nos rodea, igual que si estuviera compuesto de una consciencia vacía, radiante y unificada. Todo parece ser sustancial y hecho de espacio vacío al mismo tiempo. No sólo la consciencia está integrada en nuestro cuerpo, lo que nos permite experimentar nuestro propio ser como consciencia, sino que la consciencia parece estar integrada en toda la realidad material.

En ocasiones, esta dimensión primaria de nuestro ser, que se encuentra integrada con el resto de la realidad, se denomina «dimensión impersonal». A mí no me gusta utilizar ese término. Es cierto que la experiencia de la consciencia fundamental es igual para todos, es decir, es universal. Y también es verdad que cuando reconocemos esa dimensión de nosotros mismos, nuestras percepciones, pensamientos y sentimientos se vuelven más espontáneos, como si aparecieran «por su cuenta», sin las habituales estrategias y manipulaciones que solemos imponernos. Esto ocurre porque la consciencia fundamental es una dimensión del proceso de liberación. Nos impregnamos de nuestra experiencia pero no la obstruimos. Dejamos que la vida ocurra, que fluya.

Ciertamente, no existe nada más personal que esta esencia espiritual, porque es lo que en realidad somos. Es el núcleo de nuestro ser.

En su aspecto más fundamental, nuestra mente, corazón y cuerpo se revelan como la base transparente de la consciencia, de modo que, por ejemplo, aunque nuestros pensamientos surjan espontáneamente, no son «pensamientos sin un pensador». Siguen siendo nuestros pensamientos. Si tratamos de establecer una división entre nuestros pensamientos y nosotros mismos, o entre nuestras emociones y nosotros mismos, estaremos construyendo una división artificial de algo que está esencialmente unificado.

Muchas prácticas espirituales ofrecen la posibilidad de elevarse por encima de las incomodidades que sentimos en nuestro interior y en el mundo que nos rodea. Sus enseñanzas aseguran que no existimos realmente en tanto individuos, de modo que podemos, y debemos, ignorar el dolor emocional y la confusión. Enseñan que estos sentimientos son los de un «ser pequeño», y que nuestra auténtica naturaleza es un gran vacío que nada tiene que ver con nuestros dilemas humanos. Yo no creo que mediante un proceso de erradicación de nosotros mismos, podamos aliviar el dolor emocional ni alcanzar el vacío al que aspiran estas enseñanzas espirituales. El vacío al que se refieren las enseñanzas no es una vacuidad ni un espacio desocupado. No es un modo de escapar de nosotros mismos, sino de desnudarnos ante nosotros mismos.

Incorporación como presencia

Así como la consciencia fundamental puede experimentarse como vacío, también puede ser experimentada en tanto presencia, o ser. Dicha presencia se puede experimentar, al mismo tiempo, dentro del espacio interno de nuestro cuerpo como impregnando nuestro entorno. El vacío y la presencia nos permiten armonizar con la misma esencia espiritual unificada de la vida.

Del mismo modo en que podemos recibir fuerza vital a través del espacio interior de nuestro cuerpo, también podemos irradiar presencia (la cualidad de lo que está vivo) desde el interior de nuestro cuerpo. Esto no significa que irradiemos desde la superficie de nuestro cuerpo, ni tampoco que nos expandamos hacia el espacio que nos rodea. Lo que significa es que todo nuestro ser emite luminosidad, un resplandor que se origina en nuestro interior. La consciencia fundamental es tanto receptiva como radiante.

Identidad e incorporación

La incorporación nos permite dejar de vivir en la superficie de nuestro cuerpo, o incluso delante o por encima de éste, y empezar a hacerlo en el espacio interior de nuestro cuerpo. Este cambio transforma nuestra identidad, nuestra noción de quién y qué somos. Mucha gente concibe su cuerpo como algo separado de su propio ser. Existe una fractura entre nuestro cuerpo y la noción que tenemos de nosotros mismos. Nuestra mente se encuentra separada de nuestro cuerpo y, por tanto, nos reconocemos a nosotros mismos con una idea o una imagen en lugar de hacerlo mediante una experiencia orgánica. Nos identificamos en términos abstractos. Por ejemplo, según nuestra función («Soy profesor») o un valor («Soy una persona honesta»). Cuando habitamos el cuerpo, nos identificamos con el vacío y la presencia de la consciencia fundamental. Y también con las cualidades esenciales de la existencia humana, cualidades que compartimos con todos los seres humanos y también con los animales. Estas cualidades las encontramos en el interior de nuestro propio cuerpo, y podemos descubrirlas o revelarlas habitando su espacio interior. La mayoría de nosotros hemos sentido el amor en el interior de nuestro pecho, y somos capaces de reconocer esa misma cualidad en otras personas. No obstante, todos tenemos la capacidad de «sentir» con cada parte de nuestro cuerpo y con cada función de nuestro ser. La inteligencia tiene una cualidad que podemos sentir en el interior de la cabeza. La voz, o el habla potencial, tiene una cualidad que podemos sentir en la garganta. Podemos sentir la cualidad de nuestro poder, o fuerza personal, en el abdomen, y la cualidad de nuestro género, en la pelvis. No tenemos que crear estas cualidades; las descubrimos durante el proceso de incorporación. Esto nos proporciona una sensación y una experiencia cualitativa de la existencia, en lugar de una idea abstracta de quiénes creemos ser. Por tanto, la incorporación nos permite pasar de un sentido abstracto, o «narrativo», del ser a la experiencia cualitativa del ser.

Además de esta consciencia cualitativa del ser, que es la misma para todo el mundo, la incorporación también nos ayuda a conocer mejor nuestro ser individual; por ejemplo, nuestras aspiraciones, talentos, necesidades y preferencias. En el siglo pasado, el filósofo budista zen Nishitani describió el vacío del siguiente modo: «Es el lugar donde todas las cosas –en tanto centro absoluto, poseedoras de una individualidad completamente única– se manifiestan tal y como son en sí mismas».[1] El nítido espacio de la consciencia fundamental nos revela, de un modo íntimo y específico, a nosotros mismos.

Incorporación y plenitud

Cuando habitamos el espacio interior del cuerpo, nos convertimos en un ser sin fisuras y experimentamos la continuidad interna de nuestro cuerpo. Incluso la respiración circula por todo nuestro cuerpo, no sólo en los pulmones. Como ser unificado, somos capaces de experimentar todas las partes y aspectos de nuestro ser al mismo tiempo. Por ejemplo, podemos experimentar simultáneamente el espacio interior de las piernas y la cabeza. Podemos pensar, sentir y percibir al mismo tiempo. Esto significa que todos los aspectos de nuestra expresión personal están contenidos en el espacio interior de nuestro ser. Por ejemplo, reflejaremos todo nuestro ser mediante el timbre de la voz o la forma en que tocamos o nos movemos. El modo en que nos enfrentamos a la vida también se volverá unificado. Dogen, el filósofo zen, denominó a esto «ver y oír con la totalidad del cuerpo y la mente». En el siguiente capítulo profundizaremos sobre el concepto de la unificación de los sentidos.

Respirar con todo el cuerpo

La incorporación transforma la respiración. Al habitar el interior del cuerpo, somos capaces de experimentar la respiración integral de todo

1. Keiji Nishitani (1982): *Religion and Nothingness,* Berkeley y Los Ángeles, University of California Press, pág. 164.

nuestro cuerpo. En lugar de sentir que la respiración sólo se produce en el pecho o el abdomen, sentimos su vibración en cada parte de nuestro cuerpo simultáneamente. Esto es así porque, al habitar nuestro cuerpo, la respiración se vuelve cada vez más refinada e integrada a nuestro sistema energético, el cual se encuentra repartido por todo nuestro cuerpo.

Cuando vivimos en el interior del cuerpo, la respiración se torna más ligera y relajada. Por lo general, las tensiones musculares limitan nuestra respiración, por lo que ésta puede sufrir saltos y sacudidas, como si estuviera circulando por una carretera llena de baches. Sin embargo, en el cuerpo de la consciencia fundamental, la respiración siempre es regular y continua.

La respiración arrastra las emociones que afectan al cuerpo. Si nuestro cuerpo está triste, por ejemplo, nuestra respiración también se sentirá e incluso sonará triste, como si estuviéramos suspirando. Si nuestro cuerpo está dominado por la ira, nuestra respiración emitirá un intenso siseo. Si nuestro cuerpo tiene miedo, nuestra respiración sonará temerosa, como si estuviéramos jadeando.

La respiración también refleja los desequilibrios corporales. Por ejemplo, cuando habitamos sobre todo la parte superior de nuestro cuerpo, inspiramos a través de la parte superior de las fosas nasales. La respiración se dirige hacia arriba y sigue estimulando aquellas zonas de nuestro cuerpo que ya están sobreestimuladas.

Cuando vivimos fundamentalmente en la parte inferior del cuerpo, inspiramos a través de la parte baja de las fosas nasales (la zona más próxima al labio superior). Cuando habitamos la totalidad de nuestro cuerpo, la respiración penetra por el centro de las fosas nasales y llega a todo el cuerpo al mismo tiempo.

Equilibrio y grounding[2]

Como veremos en el siguiente capítulo, una de las formas de entrar en la consciencia fundamental mediante el Proceso de Reconocimiento

2. Terapia que se basa en el contacto físico con la tierra. *(N. del T.)*

consiste en equilibrar nuestra percepción interior del cuerpo. Por ejemplo, buscamos la zona interior de ambos hombros y, a continuación, equilibramos la percepción de esos dos puntos. Para poder encontrar ambos puntos al mismo tiempo, es necesario un nivel de percepción muy sutil y preciso; no es recomendable simultanear nuestra atención entre estos dos puntos.

El físico Heinz Pagels escribió en una ocasión que la existencia material es el producto de la simetría discontinua.[3] En la vida todo está en movimiento como consecuencia de un desequilibrio. Al experimentar la consciencia fundamental como algo completamente inmóvil e inmutable, podemos afirmar que se trata de la dimensión del equilibrio perfecto. Tal vez sea este punto inmóvil, esta dimensión equilibrada en el núcleo de nuestro ser, lo que otorga a los seres humanos el sentido innato del equilibrio. En todos los aspectos de nuestra vida consideramos el equilibrio, o la armonía, como sinónimo de la paz y la belleza.

El equilibrio es un atributo de la consciencia fundamental y, por tanto, está estrechamente relacionado con la sinceridad y el contacto con uno mismo. Cuanto más contacto interno logremos, más equilibrio, o simetría, experimentaremos en todo el espacio interior de nuestro cuerpo. Esto significa, por ejemplo, que podremos experimentar al mismo tiempo el espacio interior de ambos brazos, hombros o caderas.

La incorporación de esta dimensión equilibrada también puede entenderse como la relación que mantenemos con la gravedad o con el suelo que pisamos. Normalmente concebimos el cuerpo como una masa sólida, y la gravedad, como una fuerza que se opone a dicha masa y que trata de hacerla caer. Creemos que debemos recurrir a la fuerza muscular para poder compensar la influencia de la gravedad. Pero el cuerpo físico no es sólido. Podemos percibirnos a nosotros mismos como si estuviéramos hechos del espacio puro y vacío de la consciencia. Cuanto más abiertos estemos, más simétrica será la experiencia interior de nosotros mismos, y habitaremos de un modo mucho más uniforme el espacio interno de nuestro cuerpo en relación con el suelo. Ésta es otra forma de decir que, para abrirnos, debemos abandonar el control y la protección que ejercemos sobre nosotros mismos; por ejem-

3. Heinz R. Pagels (1983): *The Cosmic Code,* Nueva York: Bantam Books.

plo, si hemos estado constriñendo el pecho para evitar alguna emoción dolorosa, al dejar de hacerlo, el espacio interno de nuestro pecho se volverá más simétrico, se relajará y se asentará en dirección al suelo de un modo más equilibrado. Al habitar la totalidad de nuestro cuerpo, cada parte del mismo empezará de igual modo a relajarse y asentarse en dirección al suelo.

Cuanto más uniformemente nos asentemos en la dirección del suelo, mayor será la corriente de energía ascendente que se origina en éste y que se desplaza por el espacio interior de nuestro cuerpo, haciéndolo más ligero y dichoso, y reforzando la capacidad para sentarnos perfectamente erguidos o permanecer de pie. De esta forma, la gravedad se convierte en una ayuda para el cuerpo, no en un inconveniente. A medida que nos abrimos más y aumentamos nuestro equilibrio, nos asentamos en la tierra con todo nuestro ser.

Este aspecto de la incorporación, la sensación creciente de estar sustentados por el suelo, resulta muy útil para aliviar el sentimiento de no pertenencia tan habitual en las personas espiritualmente sensibles. No obstante, este tipo de personas suelen mostrar una reticencia inicial a dejarse ir o sucumbir ante la atracción ejercida por la tierra. Hace poco una mujer me dijo que sentía «animadversión» por mí cuando le pedía que se asentara de aquel modo. Le gustaba la sensación de elevarse con la cabeza y el pecho. Cuando relajaba el cuerpo, se sentía atada a la tierra de un modo que no le parecía en absoluto espiritual. Sin embargo, tras practicarlo durante un tiempo, la mujer fue capaz de percibir la corriente ascendente que se origina en el suelo, lo que le permitió experimentar una sensación parecida a la de flotar con todo el cuerpo, no sólo con la cabeza y el pecho, al tiempo que se sentía conectada a la tierra. Este cambio es importante no sólo para nuestra comodidad personal sino también para nuestra madurez espiritual. Si abrimos únicamente la parte superior del cuerpo, no podremos alcanzar la dimensión espiritual más sutil de nuestro ser porque la consciencia fundamental es una dimensión integral que requiere que nos abramos a ella con todo el cuerpo.

De joven, me dediqué profesionalmente a la danza hasta que una grave lesión en la espalda puso fin a mi carrera. La cirugía empeoró las cosas porque mi columna vertebral quedó soldada en la posición desequilibrada que me había provocado la lesión. Incapaz de bailar y sintiéndome incómoda en cualquier posición, me quedaba tendida en el suelo del estudio de danza mientras rezaba por recuperarme. Un día, al soltar el peso de mi cuerpo contra el suelo, me di cuenta de que se producía un movimiento espontáneo en mi interior que tendía hacia el equilibrio. Cuanto más me relajaba, más evidente era el movimiento. También descubrí que podía aumentar este movimiento espontáneo en el interior de mi cuerpo equilibrando mi percepción; por ejemplo, si encontraba un punto a la derecha y a la izquierda de mi cabeza simultáneamente, mi cuerpo se asentaba mejor en el suelo y se alineaba sin tener que hacer ningún esfuerzo. Al final, percibí corrientes energéticas brotando del suelo e impulsando el espacio interior de mi cuerpo hacia la simetría.

Posteriormente, durante mi estancia en el monasterio zen, sentí el mismo movimiento espontáneo mientras meditaba en posición erguida. Es evidente que, siempre y cuando no nos opongamos a ellas, la fuerza descendente de la gravedad y la corriente ascendente de energía que nace en el suelo nos impulsan hacia el equilibrio. La meditación nos ayuda a abrirnos a este movimiento natural. Al sentarnos inmóviles y disminuir el control sobre nosotros mismos, permitimos que la gravedad nos conduzca hacia el equilibrio y, por tanto, hacia una mayor receptividad y hacia la dimensión espiritual.

Fluidez

Cuando nos reconocemos a nosotros mismos como consciencia fundamental, todas nuestras respuestas fluyen a través de esta dimensión de nuestro ser sin quedar atrapadas en ninguna parte. Es lo que denominamos receptividad absoluta. Todas nuestras ideas, actitudes fijas y estrategias protectoras ceden el paso a la recepción de la experiencia. Por ejemplo, aunque podamos sentir una profunda emoción en el corazón, no nos agarramos a ella; la emoción circulará a través de nosotros. Los pensamientos fluirán a través de nuestra mente, pero no se convertirán en «bucles» obsesivos. También podremos dejar que las vibraciones de otros seres humanos fluyan a través de esta dimensión fundamental de nosotros mismos sin sentirnos agobiados por ellas.

Esto significa que dejaremos de interponernos en nuestras propias respuestas, creatividad y placer. Así, la incorporación se convierte en el fundamento de la espontaneidad y la libertad. Es una experiencia simultánea de inmovilidad omnipresente y fluidez (el flujo de la vida). Incluso nuestros propios pensamientos pueden sorprendernos, o visiones y sonidos familiares pueden resultarnos completamente nuevos.

Movimiento

Al incorporar en nosotros mismos la consciencia fundamental, también conseguimos que nuestros movimientos se vuelvan más fluidos. Cuando nos consideramos únicamente materia, sólo movemos nuestro cuerpo físico. En otras palabras, tenemos la sensación de que sólo podemos mover la superficie muscular de nuestro ser; nos sentimos como si nuestro cuerpo estuviera compuesto por grandes trozos sólidos de materia que únicamente pudieran moverse en las articulaciones del esqueleto.

Sin embargo, a medida que el espacio interior de nuestro cuerpo se vuelve más unificado, el contacto con nosotros mismos cada vez tiene menos fisuras, y también nuestro movimiento: si levantamos un brazo, el movimiento fluye a través de toda la continuidad interna de nuestro brazo, desde la cavidad del hombro hasta la punta de los dedos. Lo sentimos como si cada célula participara del movimiento. Esto aporta amplitud, o riqueza cualitativa, a nuestros movimientos o gestos.

Curiosamente, aunque la lengua reconoce la riqueza de la resonancia vocal o el timbre, no disponemos de ninguna palabra que describa este mismo fenómeno aplicado al movimiento. Sin embargo, en muchas historias del budismo zen se hace referencia al movimiento espiritualmente incorporado. En una de ellas, el maestro zen Joshu visita a dos ermitaños de retiro espiritual en las montañas. Al llegar a la primera choza, Joshu grita: «¿Hay alguien aquí?, ¿hay alguien aquí?». El ermitaño levanta el puño y Joshu dice: «El agua es demasiado poco profunda para que el barco pueda echar el ancla». Al llegar a la segunda choza, vuelve a gritar: «¿Hay alguien aquí?, ¿hay alguien aquí?». El segundo ermitaño también levanta el puño. Joshu se inclina ante él.[4] El maestro zen reconoce, en el gesto de cada ermitaño, la profundidad de su práctica. El segundo ermitaño está presente en su brazo. Su cuerpo y su mente se han convertido en una sola cosa.

Materia, energía y consciencia fundamental

Podemos dividir nuestro organismo en tres niveles: materia, energía y consciencia fundamental. Armonizamos con nosotros mismos en estos tres niveles. Cuando alcanzamos la armonía más sutil, la de la consciencia fundamental, no perdemos por ello nuestra experiencia interior en tanto energía o materia. Todo lo contrario, obtenemos la percepción de estar penetrando y abarcando los componentes materiales y energéticos de nuestro ser.

La mayoría de las personas nunca llegan a conocerse a sí mismas más allá del nivel de la materia física. Tienen conciencia de sí mismos como objetos sólidos, y experimentan a las otras personas, animales y árboles también como objetos sólidos. En sus relaciones, establecen contacto desde la superficie de su cuerpo hasta la superficie del cuerpo de los demás, porque un objeto sólido sólo tiene superficie. En sus relaciones con su cuerpo, suelen estar preocupadas por permanecer tan «sólidas» como sea posible. Nuestro ideal cultural (y nuestra ignorancia cultural) podría resumirse con el término «cuerpo firme». Asociamos la firmeza y la solidez con la fuerza y la juventud.

Los maestros de artes marciales han demostrado que cuando la energía (que denominan *qi* o *chi*) se combina con el movimiento físico, aumenta nuestra fuerza. La energía impregna todo el cuerpo. Los maestros de taichí se refieren a la fase más avanzada de su práctica como la armonización energética incluso con el tuétano de los huesos. En los últimos treinta años aproximadamente, la psicoterapia y las técnicas corporales que trabajan con el sistema energético se han vuelto muy populares. Gracias a estas terapias, hemos aprendido que el trau-

4. John Daido Loori, charla sobre el dharma pronunciada en el Zen Mountain Monastery, alrededor de 1982.

ma emocional, las lesiones físicas y las enfermedades están asociadas a restricciones de nuestro sistema energético. Cuando la energía circula sin trabas por el cuerpo, notamos una mayor capacidad emocional, nos sentimos más cómodos en nuestro propio cuerpo y disfrutamos de una mayor salud y vitalidad. Por tanto, sentirse joven, e incluso mantenerse en forma y tener un aspecto juvenil, depende de la circulación energética de nuestro cuerpo.

Hoy en día es muy fácil obtener información sobre la energía, tanto la corporal como la del universo. Pero la consciencia fundamental, nuestra dimensión más profunda, es menos conocida. Son pocas las técnicas psicológicas o de trabajo corporal que abordan la cuestión. Incluso en las prácticas budistas e hindúes, la comprensión de la más sutil de las dimensiones se considera la fase más avanzada del reconocimiento espiritual, y su estudio no está muy extendido. Sin embargo, he descubierto que actualmente muchas personas disponen de la sensibilidad para armonizar y habitar esta dimensión sutil de su ser.

La consciencia fundamental es una dimensión de la inmovilidad y el silencio. Cuando nos reconocemos a nosotros mismos en dicha inmovilidad primaria, nuestra energía puede circular de un modo más libre y profundo a través de nuestro ser sin abrumar ni alterar en modo alguno nuestra identidad básica. Como inmovilidad, también somos capaces de alcanzar un nivel más sutil de la dimensión energética. Podemos ver, oír y percibir una vibración pura que domina en nuestro cuerpo y en nuestro entorno.

Esta dimensión primaria de la consciencia a menudo se la describe, tanto en las enseñanzas budistas como en las hindúes, como «percepción distribuida», y carece de límites y de centro. Lo que no suele enseñarse es que no podemos descubrir esta extensión ilimitada de la consciencia a menos que nos liberemos de nosotros mismos desde el interior de nuestro propio cuerpo. Esta consciencia sutil impregna uniformemente tanto nuestra forma como todo lo que nos rodea. Para poder abrirnos a la transparencia de nuestra dimensión más sutil de la consciencia, primero debemos hacernos presentes en nuestra propia forma.

Una mujer familiarizada con la práctica budista durante años acudió a mi consulta porque creía sufrir algún tipo de déficit básico que le impedía experimentar el vacío luminoso que sus maestros le habían prometido. Al observarla mientras meditaba, me di cuenta de que centraba la atención en el espacio situado alrededor de su cabeza y que la relajación la dejaba en un estado difuso, como si estuviera soñando. Cuando la guie a través de uno de los ejercicios del Proceso de Reconocimiento, el que permite habitar el propio cuerpo, en un primer momento mostró una reticencia a experimentar el contacto interior consigo misma. Me dijo: «Pensaba que debía aislarme de mi entorno», e hizo un gesto para abarcar toda la habitación.

Sin embargo, cuando empezó a habitar su cuerpo, se dio cuenta de que muchos de los obstáculos a los que se había enfrentado durante los años de práctica espiritual se disolvían. Me comentó que por fin podía experimentar lo que las enseñanzas budistas denominan experiencia directa. «Cuando habito mi cuerpo, dejo de tener ideas sobre mí misma. Simplemente soy», me dijo.

La consciencia fundamental no la podemos crear; es algo que surge espontáneamente. Aparece por sí sola a medida que nos volvemos más receptivos en toda la extensión de nuestro cuerpo. Si intentamos aislarnos del entorno, estaremos creando una escisión interna que nos alejará del despertar espiritual. Cuando la mujer a la que me he referido anteriormente fue capaz de habitar su cuerpo, la meditación dejó de ser difusa y ensoñadora. Logró reconocerse en (y como) la extensión nítida y radiante de la transparencia pura, la cual domina la totalidad de nuestra experiencia interna y externa.

El cuerpo y la religión

Muchas enseñanzas espirituales, incluso las orientales, niegan la dimensión espiritual del cuerpo. En nuestra propia cultura existe la antigua creencia según la cual Dios rechaza el cuerpo. Pese a haber crecido en el seno de una familia que desdeñaba la religión, tengo grabado a fuego en la mente el dibujo en un libro de cuentos en el que aparecían Adán y Eva, arrepentidos e infelices, con la mirada dirigida a las hojas que cubrían sus genitales. Las diversas y sofisticadas interpretaciones de esta historia que he leído desde entonces no han logrado erradicar el mensaje básico según el cual la ira de Dios tenía mucho que ver con sus cuerpos desnudos y sus insaciables apetitos. Aunque no estemos muy dispuestos a creer en esta historia, su legado sigue influyendo en nuestra cultura y nos afecta a todos.

Estas imágenes religiosas arcaicas enseñan que el cuerpo es la causa de la mala conducta y el sufrimiento humano, como si éste pudiera actuar movido por sus propios impulsos depravados y separado de las nobles intenciones del corazón y la mente. Aunque los medios de comunicación nos bombardean con exhibiciones sensuales, el propio atrevimiento y superficialidad de estas imágenes refuerzan la idea de que sólo podemos acceder a los placeres del cuerpo sacrificando las recompensas del espíritu. Este sistema de creencias también enseña que las almas auténticamente superiores, todos los hombres santos y beatíficos de la religión occidental, renunciaron al cuerpo para poder estar más cerca de Dios.

Existe otra creencia relacionada con el rechazo del cuerpo por parte de Dios, la creencia cultural según la cual no podemos amar verdaderamente el cuerpo de los demás, que sólo existen determinados tipos de cuerpos, tipos muy extraordinarios, que pueden convertirse en el objeto de nuestro amor. Por amor, pasamos hambre, nos drogamos y hacemos más ejercicio del que necesitamos. Y terminamos con un cuerpo fantasmagórico que enviamos en busca del amor, un cuerpo carente de carácter o de edad, tan deformado que apenas es capaz de tener contacto humano.

Todas estas creencias se basan en la idea de que el cuerpo es algo separado de la persona, de que es posible obtener placer sexual sin intervención del espíritu o de que la plenitud espiritual es posible sin un cuerpo. Sin embargo, no podremos acceder a la totalidad de nuestro ser individual, ni alcanzar la unidad espiritual con el mundo que nos rodea, a menos que incluyamos al cuerpo en la ecuación, a menos que experimentemos que incluso nuestro cuerpo está hecho de consciencia fundamental. Comprender la consciencia fundamental significa descubrir nuestro cuerpo, habitarlo en su dimensión más primaria. Esto significa que la esencia espiritual se encuentra en el cuerpo, y que incluso los movimientos habituales de la vida cotidiana pueden sustentar y ampliar nuestra comprensión espiritual.

La esencia espiritual es nuestra auténtica naturaleza, siempre presente bajo la pulida superficie de nuestras vidas, mucho más duradera que todas nuestras actitudes protectoras. Su luz se cuela por las grietas de nuestras defensas y se abre paso a través de nuestra apariencia en ruinas. Una vez descubierta, se difunde y se propaga a través de nuestro cuerpo y nuestro entorno, independientemente de lo que hagamos o sintamos. Este ser sin trabas no tiene nada que ver con la temerosa visión del deseo indomable y descontrolado. Todo lo contrario, nuestra auténtica naturaleza salvaje es la unidad fundamental que da cohesión a la mente, al corazón y al cuerpo.

A veces la gente me pregunta: «¿Qué sentido tiene el reconocimiento espiritual? ¿Me hará ser más eficaz en mi trabajo o más rico? ¿Me ayudará a encontrar el amor?». La profundización del contacto con nosotros mismos que nos proporciona el despertar espiritual incorporado nos ayuda a mejorar todas nuestras capacidades, incluida la capacidad para concentrarnos, para crear circunstancias favorables en nuestra vida, para sentirnos menos solos y para tener relaciones más satisfactorias. Todo esto, en realidad, son aspectos secundarios de la propia experiencia del reconocimiento espiritual. Es como decir que debemos practicar el sexo porque después nos sentiremos más relajados. Aunque es verdad, la relajación resultante no es ni mucho menos tan absorbente como las sensaciones y sentimientos que produce la propia experiencia del sexo o la satisfacción de haber satisfecho un deseo innato.

El reconocimiento espiritual incorporado satisface el deseo innato de estar en contacto con nosotros mismos. Se trata del conocimiento más íntimo tanto de nosotros mismos como del mundo que nos rodea, y la fuente del placer más profundo. Es la exquisita y vigilante sensibilidad de todos nuestros sentidos, la base de nuestra auténtica percepción, sentimientos, conocimientos y expresión.

Capítulo 2

El Proceso de Reconocimiento: prácticas para un despertar espiritual incorporado

Cada ser es transformado en un resplandor completamente
coherente que se vuelve transparente
mediante la iluminación de lo trascendente.

YUASA

EL PROCESO DE RECONOCIMIENTO es un método que nos permite conocer la unidad espiritual, o la no dualidad. Sin embargo, lo que lo diferencia de la mayoría de los otros métodos de despertar espiritual es su enfoque en la incorporación y las relaciones, así como en su comprensión del ser individual. En este capítulo se presentan los principales ejercicios del Proceso de Reconocimiento; a lo largo del libro describiré otras prácticas complementarias. En la segunda parte, a través de las experiencias de las personas que he tratado, se presenta la aplicación práctica de los ejercicios a algunos desafíos específicos relacionados con la sensibilidad espiritual. Dichos ejercicios promueven la percepción, la capacidad para responder emocionalmente y la claridad mental, al tiempo que nos ayudan a desarrollar la tolerancia frente a los estímulos sensoriales, el dolor emocional y la confusión mental provocada por el entorno.

Hoy en día son muchas las técnicas espirituales, especialmente las de despertar no dual, que trabajan principalmente con la mente. Están interesadas en reconocer y sortear los conceptos mentales que pueden limitar o distorsionar nuestra percepción del presente. A los alumnos de estos métodos se les suele enseñar a centrar su atención en lo que sucede en cada momento. Pero la atención es volitiva y requiere la voluntad de estar atento. Sin embargo, la consciencia fundamental surge de forma espontánea y se sitúa más allá de nuestra voluntad. Simplemente aparece cuando habitamos y abrimos nuestro cuerpo. En cuanto somos capaces de habitar el interior del cuerpo, ya no necesitamos mantener la atención. El reconocimiento de la consciencia fundamental se convierte en una transformación continua y espontánea del modo en que nos experimentamos tanto a nosotros mismos como a nuestro entorno.

Además, la consciencia fundamental es más sutil que la atención. En lugar de centrarse *en* los objetos, impregna todo lo que percibe. Es al mismo tiempo sujeto y objeto.

Otro método muy extendido de reconocer la no dualidad consiste en dejar de manipularnos a nosotros mismos y a nuestro entorno. Este enfoque puede ayudarnos a relajarnos y a aceptar la vida tal y como es. Sin embargo, cuando se les indica a las personas que «se dejen llevar», normalmente lo hacen en el espacio que las rodea, extendiéndose energéticamente hacia su entorno, lo que no permite descubrir la dimensión extremadamente sutil de la transparencia que convierte el cuerpo y el entorno en una unidad. Para reconocer de verdad esta consciencia fundamental o no dual, debemos dejarnos ir desde el interior del cuerpo. Los ejercicios del Proceso de Reconocimiento favorecen el contacto interno con el cuerpo para que, de ese modo, podamos adentrarnos en nuestra dimensión más sutil.

Es importante tener en cuenta que el reconocimiento no dual es completamente espontáneo; surge sin ninguna estratagema o manipulación por nuestra parte. Las técnicas del Proceso de Reconocimiento son meros ejercicios que sólo requieren concentración y enfoque; no son el reconocimiento en sí mismo. Este esfuerzo de enfoque interior permite dejarnos ir desde el centro de nuestro ser y adentrarnos en la dimensión espontánea de la consciencia fundamental. Después de cada ejercicio, te recomiendo que permanezcas un rato sentado mientras te relajas en el espacio transparente que impregna tanto tu cuerpo como tu entorno.

Armonizar con la consciencia fundamental

El primer ejercicio del Proceso de Reconocimiento pretende la armonización con la consciencia fundamental (no dual). Este ejercicio promueve tanto el vacío como la fértil presencia de nuestra esencia espiritual. Empezamos habitando nuestro cuerpo y, después, pasamos a armonizar con el espacio que unifica nuestro cuerpo y el entorno. Como ya he mencionado anteriormente, *habitar* el cuerpo no es lo mismo que *ser consciente* del cuerpo. Para habitar los pies, por ejemplo, debemos sentir nuestra presencia en su interior. Percibimos que *somos* el espacio interior de nuestros pies; es una parte de quienes somos. De modo que el ejercicio no es una exploración corporal, sino una práctica para aprender a penetrar y habitar el espacio interior del cuerpo.

Si crees que no tienes mucho contacto interno contigo mismo, o si te sientes habitualmente desplazado del mundo que te rodea, te recomiendo que sólo hagas la primera parte del ejercicio, la parte en la que habitas tu cuerpo. Con la práctica, empezarás a dominarte desde el interior y a reclamar el espacio interno de tu cuerpo. Percibirás su volumen interior, te darás cuenta de que ocupas un espacio. Lentamente, sentirás que existes internamente, que tu ser tiene una sustancia interna real. La naturaleza de esta sustancia, como ya he comentado con anterioridad, es a un tiempo vacía y radiante. Es totalmente transparente, como el espacio vacío, y está compuesta de tus cualidades vitales esenciales. En cuanto te asientes en (o como) dicho espacio interior, puedes pasar a la siguiente fase, donde experimentarás que el vacío y la presencia radiante impregnan de forma simultánea tanto tu cuerpo como todo lo que te rodea.

La mayoría de la gente no es consciente de las cualidades de su ser. Como he explicado en el capítulo anterior, todas las partes de nuestro cuerpo, y todas las funciones de nuestro ser asociadas a las diferentes partes del mismo, tienen una cualidad, una «sensación». Dichas cualidades son las mismas, o muy similares, para todo el mundo. Del mismo modo en que podemos reconocer el amor en otra persona porque es igual a nuestros propios sentimientos asociados al amor, todas las cualidades de nuestro ser son universales. Incluso podemos observar y conectar con estas cualidades en los animales. Toda la naturaleza, al hacerse más consciente, muestra estas cualidades innatas de la dimensión fundamental del ser. Experimentar las diversas cualidades internas nos permite pasar de una idea abstracta de nosotros mismos a una experiencia cualitativa o real. También nos ayuda a experimentar la unidad con otras personas y con la naturaleza. Gracias a los ejercicios relacionales que presentamos en este capítulo, comprenderás que estas cualidades forman parte de nuestra conexión espiritual más profunda con los demás.

De las diversas cualidades que armonizamos en el primer ejercicio del Proceso de Reconocimiento, la cualidad de género es la que la gente suele tener más dificultades para sentir. Esto es así porque la mayoría de las personas vive más en la parte superior de su cuerpo que en la inferior. La negación o supresión de la sexualidad, que ha sido transmitida de una generación a otra, es un patrón cultural muy extendido. A los niños se les enseña desde la tierna infancia que deben ocultar la parte inferior de su cuerpo, y a muchos incluso se les enseña que los sentimientos asociados a esa parte del cuerpo son «sucios» o «malos». A pesar de que en la actualidad hay una mayor aceptación de nuestra naturaleza sexual que en las generaciones precedentes, el patrón cultural asociado con estas actitudes hacia la sexualidad se transmite de generación en generación porque los niños reproducen el modo en que sus padres habitan sus cuerpos. Si los padres reprimen los sentimientos en la base de sus cuerpos, sus hijos reproducirán de forma inconsciente dicho patrón. No obstante, al habitar la pelvis, o cualquier otra parte de la anatomía de nuestro género, experimentaremos una cualidad de género.

Algunas personas experimentan un género distinto a su género biológico. Por eso, en el ejercicio, pido que la persona armonice con la cualidad de género, «sea cual sea el género al que siente que pertenece». El ejercicio no requiere de una cualidad específicamente masculina o femenina. Mientras puedas armonizar con la cualidad de esa parte de tu ser, serás capaz de percibir la totalidad de la consciencia fundamental. Hay personas que se asocian a sí mismas con un género distinto porque no desean estar circunscritas a los comportamientos o limitaciones que la sociedad ha atribuido a su género biológico. Es importante entender que este ejercicio no tiene nada que ver con dichos comportamientos. Experimentar una cualidad femenina de género, por ejemplo, no implica que debas identificarte con conceptos como el de la «crianza» o la «intuición». La cualidad de género se puede experimentar en un amplio espectro que va desde lo femenino hasta lo masculino. Con independencia de cómo la experimentes, seguirá siendo notablemente distinta a otras cualidades del ser, como el poder o el amor.

La conexión entre la anatomía física y el aspecto cualitativo/funcional del ser es muy sencilla. Cuanto más habitemos en nuestro pecho (es decir, cuanto más interno sea el contacto con nuestro pecho), más profundas serán nuestras emociones. Cuanto más plena sea la conexión con nuestros órganos sexuales, más intenso será el placer sexual. Habitar todo el cuerpo de forma simultánea nos ayuda a integrar las cualidades y funciones de nuestro ser. Si habitamos el pecho y la cabeza al mismo tiempo, podremos sentir y pensar de forma simultánea. Así, los ejercicios encaminados a habitar el cuerpo pueden ayudarnos a corregir la fragmentación entre nuestras funciones cognitivas y emocionales.

Estos aspectos esenciales de nuestro ser (el género, el poder, el amor, la voz y el entendimiento), cuando somos muy jóvenes, los reprimimos como respuesta a acontecimientos y relaciones dolorosas o confusas, de modo que, para hacernos completos, para reconocer la dimensión de la plenitud, debemos armonizar y recuperar estas cualidades primarias de nuestro ser.

Verás que en el primer ejercicio también te pido que armonices con la cualidad del «yo» en el interior de tu cuerpo. Se trata de una cualidad particular que compartes con todo el mundo: la sensación del «yo». Es una cualidad que has tenido siempre y que está en el trasfondo de todo el flujo de tu experiencia. Dado que siempre está presente, he descubierto que casi todo el mundo puede armonizar con ella. Recomiendo la armonización con la cualidad del yo porque puede ayudarnos a penetrar en la dimensión sutil y unificada de la consciencia fundamental. Incluso armonizar con la cualidad del yo en una parte del cuerpo, en los pies, por ejemplo, puede ayudarte a experimentar tu esencia espiritual en el resto del cuerpo. Los términos como «ser» o «esencia» no evocan de un modo tan eficaz el nivel primario del ser como lo hace el término «yo».

Debe tenerse en cuenta que cuando enseño este ejercicio, a veces pido a los participantes que armonicen con la cualidad del «yo» en el interior de su cuerpo, y otras, les pido que lo hagan con la cualidad de «tu yo». La cualidad del «yo» es la misma que la de «tu yo». La cualidad del yo que todos experimentamos es, al mismo tiempo, universal y personal. Aunque es la misma en todos nosotros, también es la percepción de la dimensión primaria de nuestro propio yo individual.

EJERCICIO 1 • **Armonizar con la consciencia fundamental: habitar el cuerpo**

Te recomiendo que realices el ejercicio sentado en una silla, con la espalda recta y los pies en el suelo (una vez te familiarices con él, puedes practicarlo en cualquier posición).

Cierra los ojos.

Concéntrate en la respiración. Percibe cómo la respiración entra y sale de las fosas nasales.

Para lograr que tu respiración se vuelva regular y uniforme, cuenta en silencio dos tiempos para inspirar y dos tiempos para espirar.

Dirige el aire hacia dentro a través de tu cabeza y asegúrate de entrar en contacto con tu ser más profundo. Suelta el aire de forma natural, sin dirigirlo a ninguna parte.

Centra la atención en tus pies. Siente que estás dentro de ellos, que los habitas. Siente que *estás* en el espacio interno de tus pies, que son una parte de quien eres.

Ahora armoniza con la naturaleza de tu yo (no es una idea, sino una cualidad particular que se percibe como «yo») en el interior de tus pies.

Asegúrate de permanecer dentro de los pies mientras respiras, de que al inhalar no te elevas y los abandonas.

Siente que estás en el interior de los tobillos y la parte inferior de las piernas. Armoniza con la cualidad de tu yo dentro de los tobillos y la parte inferior de las piernas.

Siente que estás en el interior de tus rodillas. Asiéntate en ellas hasta que se vuelvan blandas. Equilibra la consciencia del espacio interior de tus rodillas y encuentra las dos zonas internas al mismo tiempo.

Experimenta la inmovilidad absoluta de la mente equilibrada. Experimentamos la consciencia fundamental como inmovilidad porque es la dimensión del equilibrio perfecto, de modo que encontrar el espacio en el interior de ambas rodillas al mismo tiempo puede ayudarte a penetrar, o descubrir, la dimensión de la consciencia fundamental. Descubrirás que se requiere una armonización muy sutil para encontrar el interior de ambas rodillas de forma simultánea (sin pasar de la una a la otra diversas veces).

Siente que estás en el interior de tus muslos. Armoniza con la cualidad de tu yo dentro de ellos.

Siente, mediante un pensamiento muy sutil, que estás dentro de tus caderas. Desde su interior, puedes sentir al mismo tiempo el espacio interno de tus muslos y el de la parte inferior del torso.

Equilibra tu percepción del espacio interior de tus caderas y encuentra el interior de ambas caderas al mismo tiempo. Experimenta de forma simultánea la inmovilidad de tu mente equilibrada y el movimiento de tu respiración. La mente está inmóvil y equilibrada y la respiración se mueve.

Esta parte del ejercicio puede ayudarte a experimentar que toda tu experiencia –todos tus pensamientos, emociones, sensaciones y percepciones– se mueve a través de la inmovilidad de la consciencia fundamental sin perturbar dicha inmovilidad. En tanto consciencia fundamental, experimentas al mismo tiempo tanto el espacio luminoso e inmóvil del suelo como el movimiento de la vida.

Siente que estás en el interior de tu pelvis. Armoniza con la cualidad de tu género en el interior de la pelvis (insisto en que no se trata de una idea sino de un sentimiento, a qué género sientes que perteneces). Dirige la respiración hacia la pelvis y deja que circule a través de la cualidad de género en el interior de la pelvis.

Siente que estás en el interior de tu abdomen, entre las costillas y la pelvis, incluyendo la zona del plexo solar, bajo las costillas. Armoniza con la cualidad de tu poder y tu fuerza personal en el interior del abdomen. Dirige la respiración hacia el abdomen y permite que circule a través de la cualidad de tu poder que yace en su interior.

Siente que estás dentro de tu pecho (desde la parte frontal hasta la espalda). Armoniza con la cualidad del amor en el interior del pecho. No es necesario que sea un sentimiento muy profundo; basta con un poco de la ternura que atesoras en su interior. Deja que el amor se asiente en tu pecho. Dirige la respiración hacia tu pecho y deja que circule a través de la cualidad del amor en su interior.

Siente que estás dentro de tus hombros. Armoniza con la cualidad de tu yo en su interior.

Siente, mediante un pensamiento muy sutil, que estás en el interior de tus omóplatos. Desde su interior puedes sentir el espacio interno de la parte superior de los brazos y de la parte superior del torso al mismo tiempo. Armoniza tu percepción del espacio interior de tus omóplatos y encuentra el interior de ambos al mismo tiempo. Experimenta la inmovilidad de la mente equilibrada y el movimiento de tu respiración circulando a través de dicha inmovilidad sin perturbarla.

Siente que estás en el interior de tus brazos, muñecas y manos, desde los hombros hasta la punta de los dedos. Armoniza con la cualidad de tu yo en el interior de brazos, muñecas y manos.

Siente que estás dentro de tu cuello. Armoniza con la cualidad de tu voz, su capacidad para hablar, en el interior del cuello. Dirige el aire hacia el cuello y permite que circule por la cualidad de tu voz en el interior del cuello.

Siente que estás en el interior de tu cabeza, desde la parte posterior de la frente hasta ambas sienes. Encuentra un punto central en la frente (no entre las cejas sino en el centro de la misma). Mantén ese punto constante mientras respiras. El punto puede moverse mientras inhalas y exhalas. Descubre aquello de lo que necesitas deshacerte para conseguir que el punto permanezca estable.

Ahora sitúate detrás de ese punto hasta que lo veas desde atrás, es decir, desde el interior de la cabeza. Con la práctica, serás capaz de ver un punto, o una esfera luminosa, en el centro de tu frente.

Siente que estás en el interior de tus ojos. Permite que tus ojos se vuelvan blandos hasta percibir la continuidad entre éstos y el resto de tu rostro. Siente que estás detrás de tus pómulos y en el interior de tu nariz, desde la base hasta la punta de la misma. Siente que estás dentro de tu mandíbula, tu boca, tus labios y tu barbilla. Siente que estás dentro de tus oídos.

Ahora siente que ocupas todo el volumen de tu cerebro. Armoniza con la cualidad de tu entendimiento en el interior de todo tu cerebro. Dirige la respiración a través de la cabeza y permite que circule a través de la cualidad del entendimiento en el interior de tu cerebro. Intenta percibir tu respiración circulando por los dos hemisferios del cerebro.

Ahora siente que ocupas el interior de todo tu cuerpo al mismo tiempo. Si suele decirse que el cuerpo es un templo, estás sentado en el interior de uno. Armoniza con la cualidad de tu yo en toda la extensión de tu cuerpo. Experimenta la cualidad del yo de la que estás hecho en toda la extensión de tu cuerpo. Respira ligera y uniformemente.

Con los ojos cerrados, encuentra el espacio más allá de tu cuerpo, el espacio de la habitación en la que estás.

Experimenta la continuidad entre el espacio interior de tu cuerpo y el espacio exterior; de hecho, son un único espacio que impregna todo tu ser. Todavía estás dentro de tu cuerpo, pero éste está impregnado por el espacio. Eres permeable, transparente. Permite que tu respiración circule por ese espacio.

Abre los ojos lentamente. Vuelve a sentir que ocupas el interior de todo tu cuerpo al mismo tiempo. Armoniza con la cualidad de tu yo en el interior de todo tu cuerpo. Encuentra el espacio más a allá de tu cuerpo. Siente que el espacio interior y exterior de tu cuerpo son el mismo espacio continuo que impregna todo tu ser.

Experimenta que el espacio que impregna tu cuerpo también impregna tu entorno. Mientras experimentas esto, continúas estando en el interior de tu cuerpo. No te proyectes a través de los objetos que te rodean. Aquí el objetivo no es que te expandas en el espacio, sino que armonices con el espacio que ya parece estar ahí, impregnándote tanto a ti como a todo lo que te rodea.

Experimenta cómo el espacio que impregna tu cuerpo también impregna las paredes de la habitación. Así de sutil es; impregna incluso las paredes, el suelo y el techo. Permanece en el interior de tu cuerpo mientras experimentas cómo el espacio te impregna a ti y a las paredes de la habitación.

El núcleo sutil del cuerpo

Cuando armonizamos con nosotros mismos en tanto consciencia fundamental, alcanzamos un nivel más sutil de nuestro sistema energético. Se trata de una vibración extremadamente ligera que sentimos junto a la inmovilidad de la consciencia fundamental. El siguiente ejercicio, la respiración central, puede ayudarte a cultivar dicho nivel energético sutil.

El ejercicio de la respiración central armoniza con un canal sutil que recorre el núcleo vertical del cuerpo, desde el centro de la parte inferior de la pelvis hasta el centro de la parte superior de la cabeza. Esto a veces también recibe el nombre de «canal de la sabiduría» o «canal central». En el yoga, se lo conoce con el término sánscrito *shushumna nadi*. Es la puerta de entrada a la omnipresente amplitud de la consciencia fundamental. Cuanto más contacto tengamos con dicho canal sutil, mayor será nuestro reconocimiento de la consciencia fundamental. Cuando somos capaces de dejarnos ir, tanto de nosotros mismos como de nuestro entorno, desde el núcleo sutil del cuerpo, podemos adentrarnos en la extensión de la consciencia fundamental. Cuando somos capaces de vivir sin ningún esfuerzo en el núcleo sutil del cuerpo, obtenemos el reconocimiento continuo de que tanto nosotros mismos como nuestro entorno están compuestos de consciencia fundamental.

Percibimos el núcleo más interno del cuerpo como el centro de nuestro ser. Tenemos la sensación de estar habitando el centro de todas nuestras experiencias, como testigos y completamente inmersos en nuestra vida de un modo simultáneo. Desde este núcleo sutil obtenemos una profunda perspectiva de nuestro entorno (porque estamos percibiéndolo desde la distancia del núcleo más interno de nuestro ser) al tiempo que experimentamos la unidad con él. El núcleo sutil del cuerpo también integra todas las cualidades y funciones tanto de nuestro cuerpo como de nuestro ser. Cuando habitamos el núcleo sutil, podemos pensar, sentir y percibir al mismo tiempo.

Podemos entrar en el núcleo sutil del cuerpo por cualquier punto que queramos. En el Proceso de Reconocimiento, empezamos entrando a través de tres puntos principales: el centro de la cabeza, el centro del pecho y el centro de la pelvis. El centro de la cabeza se encuentra entre las orejas, el centro del espacio interior de la misma. El centro del pecho y de la pelvis está en el centro de cada una de estas zonas, pero en la parte posterior, en la dirección de la columna vertebral; para alcanzar estos centros deberás adentrarte en ellos lo más profundamente que puedas pero sin ejercer una presión excesiva. Para aquellos familiarizados con los chakras, el centro del pecho es el mismo que el chakra del corazón en el yoga, y el centro de la pelvis se encuentra entre el segundo y el tercer chakra.

En este ejercicio, encontramos estos tres puntos a lo largo del núcleo de nuestro cuerpo e iniciamos la respiración en el interior de los mismos. Cuando respiremos en el núcleo del cuerpo, armonizaremos nuestra respiración con nuestra dimensión energética. En tanto respiración/energía sutil, todo el espacio interior de nuestro cuerpo respirará de forma simultánea, lo que producirá una vibración sutil en todo nuestro cuerpo. Un alumno describió esta vibración sutil como la sensación de haberse convertido en un «buen champán».

En este ejercicio de respiración central te pediremos que, mientras respiras en el interior de cada uno de los puntos mencionados, sientas una vibración en toda la extensión del núcleo sutil de tu cuerpo. No debes dirigir tu respiración hacia la totalidad del núcleo, sino simplemente permitir que la vibración se produzca como resultado de respirar en el interior de cada uno de los puntos. A medida que te familiarices con el ejercicio, serás capaz de sentir la vibración no sólo en toda la extensión del núcleo, sino también en todo tu cuerpo. Es posible que además empieces a percibir que la respiración tiene una cualidad mental, como si la mente respirara en el interior de los puntos centrales. No me refiero a tu mente racional, sino más bien a una cualidad mental que se percibe como si la mente estuviera respirando.

EJERCICIO 2 • **Respiración central**

Este ejercicio debe realizarse sentado en una silla o en un cojín.

Cierra los ojos.

Encuentra el centro de tu cabeza. Este punto se encuentra entre las orejas, entre la cara y la nuca, y es el auténtico centro de la parte interior de tu cabeza. Muchas personas armonizan con él en una zona demasiado alta de la cabeza. Al entrar en contacto con el centro de tu cabeza, es posible que sientas una conexión automática con el núcleo de tu cuerpo.

Cogiendo aire por la nariz, dirige la respiración hacia el centro de la cabeza. Suelta el aire por la nariz. La respiración debe ser sutil para poder circular a través de la cabeza y alcanzar el centro de la misma.

Ahora inicia la respiración desde el centro de la cabeza, de tal modo que sea el centro de la cabeza quien inspire (imagina que hay aire en su interior y que puedes respirarlo). Suelta el aire desde el centro de la cabeza. Se trata de una respiración interna; no debes dirigir la respiración hacia ese punto, sino iniciarla desde su interior. Debes sentir como si estuvieras inspirando y espirando desde el núcleo sutil de tu cuerpo. Al respirar desde el centro de tu cabeza, percibirás una vibración sutil que recorre todo el núcleo sutil de tu cuerpo.

Desde el centro de tu cabeza, encuentra el centro de tu corazón, el cual está situado en el centro del pecho pero en lo más profundo del núcleo sutil del cuerpo. Puedes abandonar el centro de tu cabeza y habitar únicamente el centro de tu corazón.

Ahora empieza a respirar desde el centro de tu corazón. Suelta el aire desde el centro del corazón. Insisto, no debes dirigir la respiración hacia el centro del corazón sino sentir que la respiración se inicia en ese punto. El primer lugar donde percibes la respiración, antes incluso de que la notes circular por los pulmones, es en el centro del corazón. Al respirar en el centro de tu corazón, sentirás una vibración en todo el núcleo sutil de tu cuerpo.

Vuelve a encontrar el centro de tu cabeza. Desde allí, encuentra tu centro pélvico, situado a unos dos o cuatro centímetros por debajo del ombligo, en el interior del núcleo sutil del cuerpo, entre el segundo y el tercer chakra.

Inicia la respiración desde tu centro pélvico. Suelta el aire desde el interior del centro pélvico. Al respirar desde el interior del centro pélvico, sentirás una vibración en todo el núcleo sutil de tu cuerpo.

Ahora los tres centros al mismo tiempo: vuelve a encontrar el centro de tu cabeza. Encuentra el centro de tu cabeza y el centro de tu corazón simultáneamente. Encuentra los tres centros al mismo tiempo.

Inicia la respiración desde el interior de los tres centros al mismo tiempo. Suelta el aire desde el interior de los tres centros. Asegúrate de no abandonar el centro de la cabeza; sigue respirando desde el centro de tu cabeza mientras añades los otros dos centros cuando estés preparado. La instrucción avanzada es llegar a sentir que la mente está respirando desde el interior de estos tres centros; la respiración adquiere una cualidad mental.

Abre los ojos. Encuentra el centro de la cabeza, del corazón y de la pelvis de forma simultánea. Experimenta la habitación desde este núcleo interior. Normalmente experimentamos nuestro entorno desde la superficie de nosotros mismos, de modo que puedes tener la sensación de estar viviendo un gran cambio al experimentar tu entorno desde tu núcleo interior. Continúa respirando desde el interior de los tres centros al mismo tiempo. Cada vez que inspiras y espiras, es posible que sientas que eres capaz de deshacerte del contenido de tu experiencia, tanto interna como externa. No te preocupes, todo seguirá en su sitio; lo que estás haciendo es desvincularte de la influencia que ejerce sobre ti.

Las cualidades esenciales

La consciencia fundamental, como he comentado anteriormente, puede experimentarse como vacío y como ser o presencia, un terreno fértil en cualidades. Tanto las enseñanzas budistas como las hinduistas describen este aspecto cualitativo de la consciencia fundamental. El budismo enseña que esta dimensión primaria de nosotros mismos tiene las cualidades de la claridad, la alegría y el vacío. Para el hinduismo, tiene los atributos de la verdad, la inteligencia y la alegría (*sat-chit-ananda* en sánscrito).

En el Proceso de Reconocimiento, las cualidades de la consciencia fundamental son la conciencia, las emociones y la sensación física. Aunque las dividamos de forma esquemática para una mejor armonización, en realidad dichas cualidades forman un continuo. Constituyen la inmovilidad permanente e inmutable de la consciencia fundamental. Conciencias, emociones y sensaciones físicas, de distinta índole y en constante cambio, recorren este terreno fértil en cualidades inmutables.

Habitualmente, cuando no hemos recibido una orientación sobre dichas cualidades, solemos meditar en aquella parte de nosotros mismos con una mayor receptividad. Las personas que tienen la tendencia a vivir en función de sus emociones suelen centrarse en su pecho cuando meditan. Si continúan meditando del mismo modo, cada vez se vuelven más emocionales. Las personas que tienen una actitud vital más mental, tienden a meditar en la cabeza, y se vuelven cada vez más mentales a medida que continúan con su práctica espiritual. Esta tendencia a meditar en la parte de tu cuerpo que te resulta más fácil habitar puede agravar el desequilibrio e impedir que descubras la consciencia fundamental, la dimensión de la totalidad y la unidad. Por lo tanto, es muy importante armonizar con todo el espectro de cualidades para poder comprender que la consciencia fundamental es el fundamento de todo tu ser.

Aunque muchas personas tienen dificultades para acceder a la cualidad de la sensación física, se trata de un aspecto esencial de nuestra propia totalidad y unidad con el entorno. Cuando no incluimos la cualidad de la sensación física en nuestra práctica espiritual, nos volvemos cada vez más receptivos en la parte superior de nuestro cuerpo sin abrir la parte inferior del mismo. Esto significa que cada vez nos sentimos menos conectados al suelo, menos arraigados a la tierra. Este desplazamiento hacia la parte superior de nuestro cuerpo puede producir una gran incomodidad al carecer de fundamento o apoyo para la receptividad en la parte superior del mismo. También nos aísla de las corrientes ascendentes de energía que surgen del suelo y circulan por el espacio interior del cuerpo. De modo que meditar sólo en la parte superior del cuerpo nos impide comprender la dimensión más sutil y unificada de nuestro ser y limita nuestra dimensión energética.

A pesar de que armonizamos con cada una de estas tres cualidades esenciales en distintas partes de nuestro cuerpo, en realidad todas ellas se encuentran en todo nuestro cuerpo de forma simultánea. Esto resulta más fácil de experimentar que de entender conceptualmente.

EJERCICIO 3 • **Armonizar con las cualidades de la consciencia fundamental**

Siéntate erguido en una silla o un cojín, con los ojos abiertos o cerrados. Siente que estás en el interior de todo tu cuerpo al mismo tiempo. Encuentra el espacio más allá de tu cuerpo, el espacio de la habitación. Experimenta el espacio interior y el exterior como un único espacio continuo, un espacio que lo impregna todo. Siente cómo el espacio que impregna tu cuerpo también impregna las paredes de la habitación. Permanece en el interior de tu cuerpo mientras experimentas esto.

Armoniza con la cualidad de la conciencia alrededor y sobre tu cabeza. Esto significa que debes tomar consciencia de tu conciencia.

Experimenta la cualidad de la conciencia que impregna todo tu cuerpo.

Experimenta al mismo tiempo la cualidad de la conciencia que impregna tanto tu cuerpo como tu entorno.

Armoniza con la cualidad de la emoción en el tercio medio de tu cuerpo: el pecho y el abdomen.

Experimenta la cualidad de la emoción que impregna todo tu cuerpo.

Experimenta al mismo tiempo la cualidad de la emoción que impregna tanto tu cuerpo como tu entorno.

Armoniza con la cualidad de la sensación física en la pelvis, las piernas, los pies e incluso bajo el cuerpo.

Experimenta la cualidad de la sensación física que impregna todo tu cuerpo.

Experimenta al mismo tiempo la cualidad de la sensación física que impregna tanto tu cuerpo como tu entorno.

Ahora, experimenta simultáneamente la cualidad de la sensación física que impregna todo tu cuerpo y tu entorno y la cualidad de la conciencia que impregna tu cuerpo y tu entorno.

Añade la cualidad de la emoción que impregna la totalidad de tu cuerpo y tu entorno. Experimenta al mismo tiempo las tres cualidades que impregnan todo tu cuerpo y tu entorno. Cuando armonizas las tres cualidades, ya no puedes diferenciarlas entre sí. Es como si se convirtieran en una cuarta cualidad que lo impregna todo. Así es cómo percibimos la presencia de la consciencia fundamental.

Permanece sentado durante unos momentos en este espacio fértil en cualidades. Deja que tu respiración circule de forma natural por dicho espacio.

Estar de pie y moverse en tanto consciencia fundamental

A continuación presentamos dos ejercicios para estar de pie y caminar que solemos practicar en el Proceso de Reconocimiento. Estos ejercicios pueden ayudarte a encontrar el equilibrio durante el reconocimiento de la consciencia fundamental mientras llevas a cabo las tareas de la vida cotidiana, para que no sea un estado pasajero, sino una forma continua de existencia. Estar de pie, caminar y moverse en tanto consciencia fundamental también nos ayuda a cultivar la sensación de arraigo; de este modo, evitaremos perder las raíces energéticas que nos conectan con el suelo que pisamos, lo que nos permitirá mantener la integridad y la unidad de la consciencia fundamental.

EJERCICIO 4 • **Estar de pie en tanto consciencia fundamental**

Ponte de pie sobre una superficie plana, preferiblemente descalzo. Experimenta que estás en el interior de tus pies, que los habitas. Siente toda su superficie, el sostén que te proporcionan, desde la punta de los dedos hasta los talones. No se trata únicamente de tomar conciencia de tus pies, sino de hacerte realmente presente dentro de ellos; *eres* el espacio interno de tus pies.

Asegúrate de continuar en el interior de tus pies mientras respiras; al inspirar, no levantes los pies del suelo.

Siente que no hay separación entre tu cuerpo y el suelo.

Encuentra los centros en la planta de los talones. Equilibra tu conciencia entre estos dos puntos encontrándolos de forma simultánea.

Siente que estás en el interior de tus tobillos y que su espacio interior forma una continuidad con el espacio interior de los pies.

Siente que estás en el interior de tus piernas, rodillas y muslos.

Siente que estás en el interior de tus caderas. Equilibra tu conciencia de su espacio interior; encuentra ambas al mismo tiempo. Siente que las caderas descansan o se apoyan en los centros situados en la planta de los talones. Esto creará una conexión sensorial, o transferencia sutil, entre los centros en los talones y las caderas. Siente que estás de pie en tus piernas en lugar de sobre ellas.

Siente que estás en el interior de tu torso: en la pelvis, el abdomen y el pecho, hasta la parte posterior del mismo.

Siente que estás en el interior de tus hombros y en la escápula. Equilibra tu conciencia de la parte interior de ambos hombros; encuéntralos al mismo tiempo. Siente que los hombros descansan sobre las caderas. De este modo encontrarás un apoyo para tus hombros y brazos.

Experimenta que estás en el interior de tus brazos, muñecas y manos, desde el hombro a la punta de los dedos.

Siente que estás en el interior de tu cuello y acomódate en él. Descansa en la laringe. Muchas personas se elevan y se alejan del suelo estirándose hacia arriba desde el interior del cuello. Asegúrate de estar bien acomodado en el espacio interior del cuello, hasta que sientas que hay una relación entre éste y el suelo bajo tus pies.

Siente que ocupas el espacio interior de tu cabeza, que habitas tu cara y todo tu cerebro.

Encuentra el centro de tu cabeza. Siente que su centro descansa, o reposa, en el suelo.

Siente el vínculo entre el espacio interior de tu cuerpo, incluida la cabeza, y el suelo. Es como si todo tu cuerpo brotara de la tierra.

Siente que habitas todo tu cuerpo simultáneamente. Experimenta la cualidad de tu yo en el interior de tu cuerpo. Permítete sentir que no hay diferencia entre tu cuerpo y tu yo. Tu yo está de pie en ese mismo lugar.

Ahora levanta lentamente los brazos y extiéndelos delante de ti. Permanece en el interior de tus brazos y armoniza con la cualidad del yo a medida que los mueves. Experimenta cómo el espacio interior de tus brazos se mueve a través del espacio de la habitación. Experimenta la cualidad del yo moviéndose a través del espacio. Baja los brazos hasta los costados del mismo modo, moviéndote por el espacio interior de los mismos.

Levanta los brazos hasta que estén perpendiculares al cuerpo. Permanece en el interior de tus brazos y armoniza con la cualidad del yo a medida que los mueves. Vuelve a posar los brazos en los costados del mismo modo.

Encuentra el espacio más allá de tu cuerpo, el espacio de la habitación. Experimenta que el espacio interior y exterior de tu cuerpo es el mismo espacio continuo. Siente que el espacio que te impregna también impregna todo lo que te rodea, incluso las paredes de la habitación.

EJERCICIO 5 • **Recibir la corriente ascendente**

Vuelve a encontrar los centros en la planta de tus talones. Equilibra tu conciencia entre los dos puntos. Abre estos puntos para permitir que circule una corriente ascendente de energía desde la parte inferior de tu cuerpo y a través de los tobillos y las piernas. No atraigas la energía hacia arriba ni intentes visualizarla. Simplemente abre los puntos y permite que la energía ascienda por sí misma.

Encuentra el espacio interior de tus caderas y permite que éstas descansen en los centros de la planta de tus talones. Recibe la energía ascendente en las caderas. La energía fluye desde la parte inferior de los centros de los talones.

Encuentra el centro de tu cabeza. Siente cómo dicho centro se asienta en la dirección del suelo. Recibe la energía ascendente en el centro de tu cabeza. La energía fluye de forma simultánea desde debajo de los centros de los talones y desde debajo del centro situado en la parte inferior del torso.

Permite que la energía ascendente continúe fluyendo a través del centro situado en la coronilla. Para que la energía circule por la parte superior de la cabeza, primero debes asentarla cuidadosamente.

Cuanto mejor asientes en el suelo todo el cuerpo, con mayor facilidad y fluidez circulará la corriente ascendente a través del mismo.

Ver y oír en tanto consciencia fundamental

El modo en que habitamos o constreñimos nuestro cuerpo determina cómo vemos, oímos, tocamos, olemos y saboreamos. El cuerpo/ser es un patrón fractal. Un fractal es un patrón que se repite dentro de una misma forma, independientemente de la escala que tenga ésta; por ejemplo, la forma de una rama reproduce la forma del árbol en su conjunto. La forma de una ensenada reproduce la forma de toda la costa. Este patrón, que recibe el nombre de autosimilaridad, fue descubierto por el matemático Benoit Mandelbrot.[5]

Del mismo modo, el espectro que va de la conciencia a la sensación física que encontramos en el conjunto del cuerpo se reproduce en cada parte de éste, independientemente de su tamaño. Las terapias corporales como la reflexología podal o de manos recurren a este principio, por ejemplo, estimulando un punto en el pie que automáticamente estimula una zona determinada del cuerpo.

Como describiré con más detalle en el siguiente capítulo, organizamos la forma en que vivimos en nuestro cuerpo en respuesta a acontecimientos dolorosos que se produjeron durante nuestra infancia. Esta organización se erige en un patrón de apertura y restricción en nuestro cuerpo que, si no somos conscientes de él, puede condicionar nuestro ser para el resto de la vida. Este patrón general de apertura y restricción corporal se reproduce en cada una de las partes de nuestro cuerpo,

5. John Briggs (1992): *Fractals: The Patterns of Chaos,* Nueva York, Touchstone.

independientemente de su tamaño. Los órganos sensoriales no están excluidos.

Así, por ejemplo, si vivimos principalmente en la parte superior de nuestro cuerpo, veremos sobre todo desde la parte superior de los ojos. Si vivimos principalmente en la parte inferior de nuestro cuerpo, veremos sobre todo desde la parte inferior de los ojos. Si vivimos básicamente en nuestras emociones, las cuales se sitúan en la zona media de nuestro cuerpo, veremos a través de una estrecha franja situada en la zona central de los ojos.

Puedes comprobar esto mirando una alfombra o cualquier otro objeto de tela que haya en la habitación. Presta mucha atención a cualquier cambio que se produzca en tu cuerpo y fíjate en la textura de la alfombra. Mientras lo haces, es posible que percibas cómo te desplazas automáticamente hacia la parte inferior de tu cuerpo. La textura forma parte de nuestra sensación física del mundo. Ocurrirá lo mismo si pones la mano sobre un trozo de tela para apreciar la textura.

Cuando habitamos el conjunto del cuerpo, vemos, oímos, tocamos, olemos y saboreamos con todo nuestro cuerpo y todo nuestro ser, lo que nos permite experimentar nuestro entorno de una forma más completa y satisfactoria. Cuando descubrimos la dimensión de la consciencia fundamental que impregna simultáneamente tanto nuestro cuerpo como nuestro entorno, también se unifican nuestros sentidos. Somos capaces, por ejemplo, de ver y oír al mismo tiempo, lo que nos ayuda a tener la sensación de «estar presentes en el momento», algo que suele asociarse al reconocimiento no dual. Experimentamos el momento presente surgiendo directamente del vacío ubicuo de la consciencia fundamental como si se tratara de una experiencia «multimedia», la cual captamos con todos nuestros sentidos al mismo tiempo. En el budismo, esto se denomina percepción directa o esencial.

La percepción esencial produce una gama más sutil de la experiencia sensorial. Podemos ser capaces de ver el resplandor que emiten todas las formas en la naturaleza o escuchar dicho resplandor como un zumbido sutil. De hecho, podemos ver la transparencia del mundo impregnada por la consciencia fundamental. Tenemos la experiencia de ver y tocar, no sólo la superficie de los cuerpos de otras personas, por ejemplo, sino la propia esencia del ser en el interior de sus cuerpos. Se trata de una experiencia profunda e íntima del mundo que nos rodea.

Si no reconocemos, ni practicamos específicamente, esta unificación de los sentidos en la consciencia fundamental, entonces la forma restringida habitual con la que utilizamos nuestros sentidos hará que nos mantengamos en un terreno perceptivo fragmentado, lo que nos impedirá reconocer la unidad de la consciencia fundamental. O podemos abrirnos durante la práctica de la meditación, pero reorganizaremos el viejo patrón de percepción en cuanto pasamos a realizar las tareas de la vida cotidiana. El siguiente ejercicio te ayudará a comprender los cambios que se producen en tu capacidad para oír y ver mientras te reconoces como consciencia fundamental.

EJERCICIO 6 • **Percepción directa**

Siéntate erguido y con los ojos abiertos. Siente que estás en el interior de todo tu cuerpo al mismo tiempo. Encuentra el espacio más allá de tu cuerpo, el espacio de la habitación. Ahora experimenta cómo el espacio interior y exterior de tu cuerpo es un único espacio continuo que te impregna. Permite que tu respiración circule por el espacio sin perturbar la quietud que lo domina. Experimenta cómo el espacio que impregna tu cuerpo también impregna los objetos y las paredes de la habitación. Permanece en el interior de tu cuerpo mientras experimentas todo esto.

Experimenta que todos los sonidos que oyes se producen en el espacio sin perturbar la quietud del mismo. El espacio impregna tanto tu cuerpo como los sonidos.

Siente que eres el espacio que escucha los sonidos. No tienes que escuchar para poder oír. El proceso de oír ocurre por sí mismo; tú no debes hacer ningún esfuerzo. No acudas a la llamada de los sonidos; permanece en el interior de todo tu cuerpo mientras lo experimentas. Los sonidos brotan espontáneamente del espacio exterior.

Ahora permite que todo lo que ves simplemente ocupe el espacio sin cambiar o alterar la quietud de dicho espacio. Relaja los ojos y deja que tu campo visual se una al espacio de la consciencia fundamental.

Todo lo que ves, ya sea estable o esté en movimiento, se produce en el espacio pero sin alterarlo. El espacio impregna todo tu cuerpo y también todo lo que ves.

Experimenta que el propio espacio es el encargado de ver. No tienes que mirar para ver. El proceso de ver ocurre de forma espontánea. Recibes las imágenes visuales sin ningún esfuerzo por tu parte. Todo lo que ves surge directamente del espacio.

Puedes ponerlo en práctica frente a un objeto en movimiento, como una vela parpadeante o el vapor que se eleva desde un cazo con agua hirviendo. Experimenta la quietud de la consciencia fundamental mientras el estímulo visual se mueve a través de ella.

Al relajarte, es posible que notes que tu visión se desenfoca. Con la práctica, volverá a enfocarse con mayor claridad.

Ahora experimenta que todo lo que oyes y ves se produce de forma simultánea en el espacio de la consciencia fundamental sin perturbarla. Permanece sentado unos minutos y deja que el espacio se encargue de ver y escuchar sin que tú hagas ningún esfuerzo.

Los ejercicios relacionales

El espacio interno del cuerpo tiene un potencial del que la literatura espiritual apenas se ocupa. Puede entrar en contacto con el espacio interior del cuerpo de otra persona y resonar en él, incluso a distancia. Como ocurre con nuestra esencia espiritual, podemos tocar y ser tocados por otro ser humano, desde la superficie hasta las zonas más profundas del cuerpo, incluso cuando no hay contacto físico explícito. El Proceso de Reconocimiento incluye ejercicios que pueden practicarse con otra persona con el objetivo de experimentar dicho potencial de incorporación. Cuando dos personas armonizan juntas con la consciencia fundamental, constatan que están hechas de la misma consciencia, la cual las impregna a ambas creando una unidad.

Los ejercicios relacionales desarrollan la capacidad de relacionarnos con los demás en tanto consciencia fundamental. Dado que hemos creado la mayoría de los patrones de contención que nos protegen como reacción a los demás, es importante poner en práctica la capacidad de relacionarnos con las otras personas sin menoscabo de nuestra receptividad respecto a la esencia espiritual. Esto puede ayudarte a estabilizar tu reconocimiento, convirtiéndolo en una transformación continua de la experiencia tanto de ti mismo como del mundo.

Los ejercicios nos enseñan a habitar el espacio interior del cuerpo y su núcleo sutil mientras interactuamos con otras personas. Cuanto más profunda sea la conexión contigo mismo, tanto más íntima será la conexión que establezcas con los demás sin el temor a ser desplazado o a perder la armonía interna contigo mismo.

Cuando habitas tu cuerpo, tus respuestas son más profundas y fluidas. Por ejemplo, si habitas el espacio interior del pecho, las emociones circularán con más facilidad y de un modo más profundo. Desde la profundidad de tu ser, estarás más capacitado para responder a los demás con comprensión, emoción y sentimiento. Habitar el cuerpo significa abandonar de forma gradual las rigideces crónicas. De este modo, nos volvemos más dúctiles y abiertos al mundo que nos rodea sin perder por ello el trazado que percibimos entre nosotros mismos y los demás. Los límites que produce el hecho de habitar nuestro cuerpo son, a un tiempo, claros y permeables.

Al habitar tu cuerpo, el contacto con los demás se hace más intenso. Si dos personas habitan sus manos, por ejemplo, al tocarse las manos mutuamente, el contacto será mucho más profundo y se extenderá hasta el espacio interior de cada una de ellas. No sentirán únicamente la textura de la piel del otro o la solidez de su cuerpo, sino que tendrán la sensación de estar contactando con su ser en el interior de la mano.

Como ya he dicho, el espacio interior del cuerpo es capaz de establecer este tipo de contacto con otra persona sin necesidad de un contacto físico real entre los dos cuerpos. Por ejemplo, la ternura en el interior de tu pecho puede sentir y conectar con la ternura dentro del pecho de otra persona situada en la otra punta de la habitación. Todas las cualidades presentes en el interior de tu cuerpo resuenan de este modo con las cualidades dentro del cuerpo de otra persona. Dicha resonancia se produce sin necesidad de abandonar tu propio cuerpo y sin perturbar energéticamente el cuerpo de la otra persona.

Puedes establecer este contacto profundo con cualquier persona, incluso con personas que no conoces, o con aquellas que no están predispuestas a establecer una conexión. Recientemente, una mujer me comentó que mientras viajaba en el metro, estableció una conexión desde la profundidad interior de su cuerpo hasta la profundidad interior del cuerpo de las personas que estaban sentadas a su alrededor. La mujer se sintió tan conmovida por el hecho de formar parte de aquel campo de amor humano que le costó un gran esfuerzo bajar del metro en su parada. También me dijo que aquella misma tarde había asistido a un concierto y que no había sentido el miedo que solían producirle las multitudes.

En el siguiente ejercicio relacional del Proceso de Reconocimiento, cada participante debe armonizar de forma simultánea con el espacio interior de su propio cuerpo y con el cuerpo de la otra persona. Los dos armonizan con el espacio que impregna sus cuerpos creando una unidad. Esto no significa que deban fusionarse con el otro, ni que pierdan el contacto interior con ellos mismos, dado que cada uno de ellos habita su propio cuerpo.

El ejercicio puede ayudar a resolver algunos de los problemas relacionados con la sensibilidad espiritualidad. Las personas sensibles a menudo son tan conscientes de la vida mental y emocional de los demás que pierden la conexión con sus propias respuestas y necesidades internas. A veces pueden iniciar una relación con alguien dejándose llevar por un viejo patrón que los impulsa a intentar remediar el dolor ajeno, sin prestar atención a sus propias respuestas reales o a su nivel de deseo por la otra persona. O pueden excluir a una persona a quien desean realmente, renunciando así al amor, para poder mantener la conexión con ellos mismos.

Este ejercicio relacional también puede ayudar a los participantes a comprender su esencia espiritual. Armonizar juntos con esta esencia primaria puede ayudarles a profundizar en el núcleo de su ser y adentrarse en la totalidad de la consciencia fundamental. Al poner en práctica estos ejercicios, podremos percibir dónde conectamos con la otra persona y qué zonas de nuestro cuerpo están bloqueadas. Esto puede ayudarnos a localizar los desequilibrios en nuestra propia incorporación y los bloqueos que nos impiden reconocer la consciencia fundamental. El ejercicio también puede servir para que los participantes completen la resonancia mutua a través de todas las cualidades de su ser. Por ejemplo, si una pareja experimenta resonancia sexual y mental entre sí, pero no resonancia emocional, el ejercicio puede ayudarles a armonizar desde una perspectiva emocional.

EJERCICIO 7 • **Armonización con la consciencia fundamental en pareja**

Los participantes deben sentarse erguidos uno frente al otro, en una silla o un cojín, y con los ojos abiertos. Aunque no es necesario mantener el contacto visual, permaneced con los ojos abiertos para ser conscientes de la otra persona visualmente. Los dos participantes deben seguir las instrucciones al mismo tiempo.

Siente que habitas tus pies. Asegúrate de poder permanecer de pie mientras respiras y de que no levantas los pies del suelo al inspirar. Siente que estás en el interior de todo tu cuerpo al mismo tiempo. Encuentra el espacio más allá de tu cuerpo. Experimenta que el espacio dentro y fuera de tu cuerpo es el mismo espacio continuo que te impregna.

Experimenta que el espacio que impregna tu cuerpo también impregna al otro participante. Permanece en tu propio cuerpo mientras experimentas esto.

Permite que tu respiración circule por todo tu cuerpo hasta asegurarte de que estás respirando tu ubicación en el espacio.

Deja que el espacio os vea y os reciba, a ti y a tu pareja, tal y como sois en el momento presente. Relaja tu campo visual para que se una a la consciencia fundamental.

Siente que habitas tu cerebro. Encuentra de forma simultánea el espacio en el interior de tu cerebro y en el de tu compañero. Esto te ayudará a sentir la expansión de la consciencia fundamental que os impregna a ambos al mismo tiempo.

Armoniza con la cualidad de la comprensión en el interior de tu cerebro. Armoniza con tu propia cualidad de la comprensión y con la de tu compañero al mismo tiempo. Esto te ayudará a percibir la resonancia entre tu propia cualidad de la comprensión y la de tu pareja.

Siente que estás en el interior de tu cuello. Encuentra simultáneamente el espacio en el interior de tu cuello y en el de tu pareja. Dentro del cuello, armoniza con la cualidad de tu voz y la potencialidad para hablar. Armoniza con tu propia cualidad de la voz y con la de tu compañero al mismo tiempo.

Siente que estás dentro de tu pecho. Encuentra el espacio en el interior de tu pecho y en el de tu compañero al mismo tiempo. Armoniza con la cualidad del amor en el interior de tu pecho. No es necesario que sea un gran sentimiento, sólo un poco de la ternura que atesoras en el interior del pecho. Nota que te asientas en tu corazón. Armoniza con la cualidad de tu amor y con la de tu pareja al mismo tiempo.

Siente que estás dentro de tu abdomen. Encuentra el espacio en el interior de tu abdomen y en el de tu pareja al mismo tiempo. Armoniza con la cualidad del poder, de la fortaleza personal, en el interior de tu abdomen. Armoniza con tu propia cualidad del poder y con la de tu compañero al mismo tiempo.

Siente que estás dentro de tu pelvis. Encuentra el espacio en el interior de tu pelvis y en la de tu pareja al mismo tiempo. Armoniza con la cualidad de tu género, sea cual sea éste, en el interior de la pelvis. Armoniza con tu propia cualidad del género y con la de tu pareja al mismo tiempo.

Siente que habitas todo tu cuerpo al mismo tiempo. Armoniza con la cualidad del yo en el interior de tu cuerpo. Armoniza con tu propia cualidad del yo y con la de tu compañero al mismo tiempo.

Encuentra el espacio más allá de tu cuerpo. Experimenta cómo el espacio interior y exterior conforman un único espacio continuo que te impregna. Experimenta que el espacio que te impregna a ti también impregna a tu compañero. Permanece en tu propio cuerpo mientras experimentas esto. Nuevamente, permite que el espacio os vea y os reciba a ambos tal y como sois en el momento presente.

* * *

Los ejercicios del Proceso de Reconocimiento se pueden combinar con cualquier otra práctica espiritual. Muchos de mis alumnos aplican los ejercicios a las artes marciales o los realizan como preparación a las técnicas de la conciencia abierta de la meditación budista Vajrayana y de la Dzogchen. Si eres una persona religiosa, los ejercicios pueden ayudarte a enfocar la mente y el corazón en la oración y a profundizar en la aceptación del amor divino.

Si no tienes experiencia meditando, te sugiero que, después de cada ejercicio del Proceso de Reconocimiento, encuentres el espacio sutil de la consciencia fundamental que te impregna tanto a ti como a tu entorno y que permanezcas unos momentos sentado sintiéndote ese espacio ubicuo. Mientras lo haces, puedes dejar de lado toda tu experiencia. No te expandas hacia el entorno, déjate disolver en el espacio que parece estar ya ahí, impregnándolo todo. No desaparecerás porque este terreno omnipresente es tu verdadera naturaleza, quien eres realmente. Experimenta que el espacio es el encargado de ver y oír, y de recibir toda tu experiencia, tal y como se produce en el momento presente.

A pesar de haber enseñado estos ejercicios a miles de personas, todavía me sorprende presenciar la transformación, tan milagrosa como un parto, que se produce cuando las personas regresan a sus cuerpos y descubren la transparencia radiante y unificada que lo impregna todo.

Capítulo 3

Sanación de los traumas relacionales

Y no hay que olvidar que el puño también fue
una vez una mano abierta y unos dedos.

YEHUDA AMICHAI

EL CUERPO ES el escenario donde se desarrolla tanto la reacción psicológica como el despertar espiritual, de modo que en el Proceso de Reconocimiento, consideramos que la madurez psicológica y el despertar espiritual son un proceso único. Ambos requieren que liberemos nuestro cuerpo de los patrones defensivos de contención y que armonicemos con el nivel más sutil y primario de nuestro ser. Cuanto mejor armonicemos con este nivel primario de nosotros mismos, tanto más fácil nos resultará reconocer y liberar los patrones de contención de nuestro cuerpo. En tanto consciencia fundamental, soltamos de forma gradual el control defensivo que ejercemos sobre nosotros mismos. Llegados a ese punto, somos capaces de aceptar con toda su intensidad cada instante de nuestra vida sin ningún impedimento y permitir la libre y espontánea circulación de nuestras percepciones, conocimientos, emociones y sensaciones. Podemos experimentar cada instante como si fuera un todo unificado, tanto dentro como fuera de nuestro cuerpo al mismo tiempo.

Algunas enseñanzas sugieren que el despertar espiritual está por encima del yo individual, con su sufrimiento y su confusión. Estas enseñanzas aconsejan ignorar la angustia de nuestra vida cotidiana y reconocernos a nosotros mismos en la vasta consciencia que es la base de nuestro ser. Sin embargo, por muy bien que comprendamos la naturaleza trascendente de nuestro ser, no seremos conscientes de nuestra auténtica naturaleza si ignoramos a nuestro ser individual. Sólo podremos descubrir la esencia de nuestro ser a través del contacto profundo y preciso con nosotros mismos. El amplio espacio abierto de la conciencia espiritual es nuestra propia mente sin restricciones. El amplio espacio abierto del corazón espiritual es nuestro propio corazón, libre de limitaciones.

En algunas enseñanzas espirituales contemporáneas, la naturaleza espontánea de la consciencia fundamental suele confundirse con el concepto religioso occidental de la gracia, según el cual un estado completamente ajeno pero maravilloso desciende sobre nosotros por haber complacido a Dios de algún modo. Varias personas me han dicho, apenadas, que llevan tiempo esperando a que les ocurra, pero que hasta el momento no han tenido suerte. Así no es como funciona. La consciencia fundamental surge cuando nos hemos abierto lo suficiente como para que aparezca. No es algo ajeno a nosotros; es nuestra propia naturaleza básica que se revela al abrir nuestro cuerpo, corazón y mente.

La mayoría de las restricciones en nuestro ser están provocadas por un trauma relacional. Con trauma relacional me refiero a situaciones intolerablemente dolorosas o confusas en las relaciones con figuras clave de nuestra infancia. Estos sucesos pueden ser tan insignificantes como un rostro familiar y querido repentinamente transformado por la ira o las lágrimas, o verse obligado a contener las lágrimas, la voz o la vitalidad. Si nos duele el corazón cada vez que vemos la cara apenada de nuestra madre, es posible que endurezcamos el pecho para no sentir dolor. O si las discusiones de nuestros padres nos ponen nerviosos, puede que endurezcamos la anatomía relacionada con la audición, además de reprimir la sensación de ansiedad en el estómago.

Nuestros patrones de restricción son casi siempre inconscientes. Si se repiten con el tiempo, se endurecerán en los tejidos corporales y se convertirán en patrones restrictivos crónicos e inconscientes. Estos patrones determinan el modo en que nos organizamos a nosotros mismos, nuestro diseño de apertura y defensa. Se convierten en quienes somos para el resto de nuestra vida a menos que hagamos un esfuerzo para liberarlos. Algunos patrones de restricción no quedan fosilizados en el cuerpo, sino que se convierten en surcos muy transitados, patrones en los que nos adentramos de un modo inconsciente cada vez que un acontecimiento del presente nos recuerda la situación de nuestra infancia que los creó.

No existe ningún modo de limitar el impacto del entorno ni de suprimir nuestras respuestas a él sin endurecer el cuerpo. Si piensas en algo triste y luego intentas dejar de sentirte triste, descubrirás que automáticamente endureces el pecho. Si intentas no oír el rugido de un motor en la calle, automáticamente endurecerás la anatomía auditiva.

Otra forma en la que los niños suelen crear patrones de apertura y defensa es imitando los patrones de sus padres. No se trata de una imitación consciente, sino más bien una especie de interconexión mutua. Al vivir en el mismo campo energético que nuestros padres, resonamos de un modo automático con el patrón vibratorio de sus cuerpos. Nos volvemos abiertos y fluidos si ellos están abiertos y son fluidos; y nos volvemos rígidos si ellos lo son.

También nos moldeamos a nosotros mismos en respuesta al contacto, o a la falta de él, con nuestros padres. Con contacto me refiero a la sensación real de resonancia entre nuestro cuerpo y el de nuestros padres. Cuando somos niños, este tipo de contacto con nuestros padres alimenta y condiciona el contacto que tenemos con nosotros mismos. Por ejemplo, si una madre tiene abierto el corazón pero no la pelvis, se producirá un intercambio vibratorio entre ella y su hijo en el área del corazón pero no en la zona pélvica. Por tanto, el niño crecerá con una disponibilidad a estar abierto en su corazón pero no tanto en la pelvis.

Nuestro cuerpo también atesora patrones compensatorios, tales como la actitud de invulnerabilidad o la de superioridad. A menudo el patrón compensatorio se superpone al patrón donde se expresa el trauma. Una sonrisa contenida de forma rígida, cuando se libera puede revelar una expresión crónica de dolor y pérdida. Una postura expansiva o petulante puede enmascarar una desanimada postura de humillación. Los patrones compensatorios también pueden convertirse en formas rígidas e inconscientes dentro de nuestro cuerpo o en formas más fluidas: patrones donde nos refugiamos inconscientemente cuando nos sentimos amenazados del mismo modo en que nos sentíamos amenazados durante nuestra infancia.

Las restricciones que se quedan fosilizadas en el cuerpo contienen en su interior el recuerdo, la edad y las emociones de las situaciones traumáticas. En una ocasión trabajé con una mujer que se había organizado para soportar un ambiente altamente negligente durante su infancia constriñendo el plexo solar, el pecho y la cabeza. A medida que empezaba a reconocer y liberar estas constricciones, recordó cómo se había sentido cuando era niña, la frialdad emocional y la sensación de abatimiento que parecía impregnar la casa, el peso de la depresión de su madre mientras yacía en la cama en el piso superior, la amenaza de su padre alcohólico cuando se encerraba en la cocina. La mujer sintió la desorientación mental, el anhelo, la desolación y la ansiedad que había reprimido de niña.

A una edad tan temprana, estos sentimientos le habrían resultado intolerables, e incluso podrían haber afectado a su cordura. En cambio, como adulta, podía observarlos y sentirlos al mismo tiempo. Fue capaz de registrarlos en su consciencia adulta sin sentirse abrumada y, después, eliminarlos de su cuerpo.

Dado que tenemos la tendencia a revisitar los mismos patrones protectores cuando sufrimos traumas relacionales parecidos, la mayor parte de nuestros patrones de contención contienen capas de diferentes recuerdos, emociones y edades; por ejemplo, un patrón crónico de constricción en el cuello como respuesta al hecho de haber sido alimentado en contra de nuestra voluntad también puede evocar un afecto excesivo por parte de uno de nuestros padres. Cualquiera de estos dos recuerdos relacionales pueden reaparecer durante el proceso de reconocimiento y liberación de dicho patrón.

Aunque estos traumas primarios y patrones de contención se hayan convertido ahora en zonas rígidas y estáticas del cuerpo, siguen conteniendo los mecanismos específicos del proceso que llevó a la constricción. Como veremos más adelante, esto tiene una gran importancia para el proceso de liberación.

Los patrones estáticos de defensa fragmentan la experiencia que tenemos tanto de nosotros mismos como de nuestro entorno. Según algunos neurocientíficos, como Joseph LeDoux, los traumas provocan una división entre las funciones cognitivas y afectivas del cerebro, concretamente entre el circuito compuesto por la amígdala y el hipocampo, que controla las emociones, y la corteza prefrontal ventromedial, que regula y da sentido a la experiencia emocional.[6]

Algunos psicólogos, como Elizabeth Howell en su libro *The Dissociative Mind*, describen los efectos del trauma relacional como la separación de una parte de la personalidad de las demás, y como una especie de adormecimiento general de uno mismo, la sensación de no ser completamente real.[7] Los especialistas aseguran que la incapacidad de aceptar o asumir completamente una experiencia traumática produce patrones disociativos que limitan la percepción subjetiva del conjunto.

Cuando incluimos el cuerpo en nuestra visión acerca del trauma, nos damos cuenta de que la percepción subjetiva del conjunto no es meramente un fenómeno mental, sino que se basa en el contacto real con todo el espacio interno de nuestro cuerpo. Los patrones psicológicos de contención limitan o fragmentan nuestra capacidad para habitar el cuerpo, lo que nos impide experimentarnos a nosotros mismos como una totalidad. Esto es lo que produce la sensación de adormecimiento, de no estar presentes del todo o de no ser completamente reales.

Esta falta de experiencia con las ideas abstractas acerca de nosotros mismos hace que lo compensemos de otro modo. Es lo que suele denominarse «vivir en la cabeza». Normalmente, las restricciones corporales también evitan que habitemos en toda la cabeza o el cerebro. No vivimos en la cabeza, sino más bien en nuestras ideas. Vivimos *pensando* en nosotros mismos en lugar de *experimentarnos* a nosotros mismos. Podemos pensar cosas como: soy profesor o soy una persona generosa o soy una persona indigna. Estas ideas cambian según sean nuestras circunstancias, especialmente en función de la percepción que tengamos sobre el modo en que responden los demás. Así, podemos pensar: «Soy una persona superior e inteligente» en un momento dado y «Soy

6. Joseph LeDoux (1996): *The Emotional Brain,* Nueva York, Touchstone.
7. Elizabeth F. Howell (2005): *The Dissociative Mind*, Nueva York, Routledge.

un idiota», en otro. O nos definimos a nosotros mismos según nuestras preferencias, nuestra cultura o nuestra profesión.

Cuando somos capaces de habitar nuestro cuerpo, nuestro sentido abstracto del yo es reemplazado por la experiencia real de nosotros mismos, la experiencia de las cualidades esenciales de nuestro ser. Podríamos denominarlo sentido cualitativo del yo, en lugar de sentido narrativo del yo. Las cualidades de nuestro ser –la sensación real de nuestra inteligencia, amor, poder y género– siempre están presentes en el interior de nuestro cuerpo. Cuando experimentamos dichas cualidades, nos sentimos reales.

¿Cuántos yos?

Recientemente, el concepto del yo múltiple se ha hecho popular en el campo de la psicología. Howell, por ejemplo, asegura que solemos fragmentarnos en diversas formas de comportamiento relativamente fijas en respuesta a distintas situaciones.[8] Podemos ser humildes y tímidos ante figuras de autoridad, pero mandones y exigentes en nuestras relaciones íntimas. Estos diversos «estados del yo», como Howell los denomina, conforman nuestra personalidad construida.

Si estos aspectos de nuestra personalidad permanecen rígidamente aislados entre sí, entonces los psicólogos dicen que padecemos un trastorno disociativo. Tener un sentido general de nuestra personalidad y ser capaces de pasar con fluidez de un estado del yo a otro se considera la condición normal de la psique humana. En otras palabras, la salud psicológica tiende hacia la armonía entre la variedad de los estados del yo y se aleja de la fragmentación rígida.

Sin embargo, habitar el cuerpo nos permite observar nuestro comportamiento desde una perspectiva unificada. Seguiremos reaccionando y comportándonos de un modo distinto con diferentes personas, o en diferentes situaciones, pero estas variaciones pasajeras no afectarán a la estabilidad subyacente de nuestro sentido unificado y auténtico del yo. Dicho de otro modo, siempre nos conoceremos a nosotros mismos

8. Ibíd.

de una forma integral, incluso cuando sólo estemos expresando una pequeña fracción de nuestra personalidad. Creo que la salud psicológica va más allá de la simple armonía entre los estados del yo; también es necesario el contacto incorporado, unificado y cualitativo con nosotros mismos.

El trauma y el Proceso de Reconocimiento

Todos los ejercicios del Proceso de Reconocimiento fomentan la capacidad para habitar nuestro cuerpo de un modo integral, lo que corregirá la separación entre nuestras habilidades cognitivas y nuestra experiencia emocional. Gracias a ello, estaremos mejor preparados para encontrar un sentido a nuestros traumas más precoces, así como a cualquier suceso doloroso de nuestra vida presente. También podremos, simultáneamente, observar, experimentar, expresar y actuar en el mundo como nuestro yo integral.

Al habitar el cuerpo, desarrollamos un sentido de autoposesión, de hacernos presentes en nosotros mismos. Al principio, puede resultarnos difícil estar presentes en nuestro propio cuerpo, sobre todo si durante la infancia, intentamos hacernos invisibles para evitar la ira o el abuso de nuestros padres. Sin embargo, cuando finalmente conseguimos vivir en el interior del cuerpo, nos sentimos mucho más a salvo que antes. Habitar el cuerpo produce una sensación interna de volumen, de ocupar el espacio, proporcionando un peso o una sustancia al sentido del yo que otorga mucho poder interior, incluso en situaciones difíciles con otras personas. El sentido interno del volumen también actúa como una especie de amortiguador contra los estímulos desagradables. Algunas personas aseguran tener una menor sensación de que la vida les está afectando negativamente. Ya no tienen «la piel tan fina»; son menos susceptibles a la fuerza de los estímulos ambientales.

De este modo, la experiencia del volumen interno, y de disponer de un espacio interior en el que vivir, crea una separación percibida entre el yo y el no yo. Esta separación se basa en la coherencia natural interna que se produce cuando reconocemos la consciencia fundamental que impregna todo nuestro cuerpo. No es algo que tengamos que proteger o reforzar. Cuando experimentamos la vida desde el interior del cuerpo y no desde la superficie, descubrimos que podemos bajar la guardia y dejar de protegernos del mundo que nos rodea.

Como ya expliqué en el capítulo anterior, el ejercicio del Proceso de Reconocimiento encaminado a armonizar con la consciencia fundamental (ejercicio 1, página 44) también sirve para armonizar con las cualidades esenciales dentro de nuestro cuerpo. Este ejercicio es particularmente útil para aquellas personas que tienen ideas negativas sobre sí mismas como resultado de sucesos traumáticos durante la infancia o agresiones recientes tales como una violación. Las personas que han sufrido abusos sexuales de niños, por ejemplo, suelen sentir vergüenza de dichos abusos pese a haber sido las víctimas. Algunos de ellos se describen a sí mismos como «basura» o «producto defectuoso». Experimentar las cualidades reales de su propia vitalidad puede ayudar a estas personas a deshacerse de estas concepciones tan negativas. Experimentar el amor que atesora nuestro pecho, incluso cuando estamos solos, hace que sea mucho más difícil seguir odiándonos a nosotros mismos. Sentir la cualidad real de nuestra inteligencia hace que sea mucho más difícil que continuemos considerándonos estúpidos, o que nos sintamos abrumados por la mente de los demás. Experimentar la cualidad del poder en nuestro propio cuerpo favorece enormemente la superación de los sentimientos de vergüenza y vulnerabilidad producidos por el hecho de haber sido sometidos durante nuestra infancia. Tras haber empezado a trabajar con los ejercicios para habitar el cuerpo, una mujer que había sufrido abusos sexuales de niña me dijo que se sentía «dulce» por dentro. Esta sensación de dulzura interior le ayudó a desarrollar una creencia en su propio valor y a deshacerse finalmente de un patrón de atracción por compañeros sentimentales agresivos. También le ayudó a sentir compasión por sí misma y a darse cuenta de que su comportamiento autodestructivo era el resultado del daño que había sufrido durante la infancia.

El ejercicio de la respiración central (ejercicio 2, página 50) también puede ayudarnos a aumentar la sensación de seguridad. Desde el centro del cuerpo, experimentamos nuestro entorno con una perspectiva más profunda. Muchas personas que han sufrido traumas durante la infancia, y que en la edad adulta padecen una disociación severa, tienen una cualidad energética difusa. Es como si su energía se filtrara y se disolviera en el espacio que las rodea. Su esencia resulta demasiado imprecisa, como si el centro de su ser hubiera cedido o como si se hubieran abandonado y tratado de desaparecer en la atmósfera. Este mecanismo de fuga es una de las principales defensas que los niños emplean automáticamente cuando son víctimas de un ataque físico y/o sexual. Si se repite con el tiempo, este patrón defensivo se convierte en una forma del ser. Como veremos en los siguientes capítulos, si un niño es especialmente sensible o abierto, puede reaccionar de este mismo modo a su entorno pese a no ser víctima de abusos graves.

El ejercicio de la respiración central puede ayudarnos a sentirnos acogidos y seguros en el núcleo más interno de nuestro ser, lo que facilita que nos sintamos presentes en todo nuestro cuerpo. El núcleo sutil del cuerpo es la puerta de entrada a la unidad de la consciencia fundamental, pero también es el lugar donde podemos establecer el contacto más profundo con nuestro yo. Al habitar el núcleo sutil de nuestro cuerpo, podemos experimentar una conexión íntima con otras personas sin sentirnos dominados o anulados por ellos.

Identificación de patrones y ejercicios de liberación

El Proceso de Reconocimiento también trabaja directamente con los patrones de contención de nuestro cuerpo, tanto para identificarlos como para liberarlos. A través de la interfaz de la mente, el sistema energético y el tejido conectivo, podemos dominar cualquier aspecto de nuestro ser, por ejemplo, la percepción, las respuestas emocionales o la capacidad de comprensión. Estos patrones de contención pueden morar en las partes más profundas de nuestro cuerpo, ser invisibles para un observador externo y estar aislados de nuestra propia consciencia. Sólo pueden sacarse a la luz mediante una armonización sensible con el espacio interior de nuestro cuerpo.

Incluso los patrones más rígidos son instantes fosilizados de movimiento que contienen tanto el movimiento repetitivo que originó el patrón antes de que éste adoptara su forma estática como la vía inversa para su liberación. Además, todos estos patrones se moverán ligeramente, se intensificarán, al hablar de los acontecimientos que los provocaron. Un oyente atento puede observar esta «danza de los velos» mientras la persona habla sobre su infancia. Estos movimientos pueden resultar extremadamente sutiles y producirse en el espacio interno del cuerpo sin afectar en nada a la superficie del mismo. Aunque puede haber una ligera contracción del pecho apenas visible, ésta suele limitar la capacidad de respuesta emocional. La persona puede inclinar ligeramente la cabeza hacia un lado, lo que indica una reacción a un ataque verbal o físico. Los terapeutas con formación en el Proceso de Reconocimiento son capaces de armonizar con el espacio que impregna tanto su cuerpo como el cuerpo del paciente, lo que les permite observar los patrones de contención y los movimientos sutiles que se producen en el interior del cuerpo.

Una de las formas en que el Proceso de Reconocimiento ayuda a liberar los patrones de contención es encontrando el patrón en el núcleo sutil del cuerpo. Encontramos el centro de nuestra cabeza (el centro del espacio interior de la cabeza, situado entre ambas orejas), y desde allí, encontramos la zona de tensión en el interior del cuerpo. Encontrar el patrón de contención en el centro de la cabeza nos ayuda a penetrar en la profundidad sutil de la tensión. Entonces, manteniendo el centro de atención en la tensión, respiramos desde el centro de la cabeza. Mientras hacemos esto, normalmente se producirá un movimiento espontáneo en el interior de la tensión, ya sea hacia la intensificación del patrón de contención o hacia la liberación. El movimiento en la constricción no debe ser deliberado; debemos centrar nuestra atención en su interior y permitir que se mueva por sí sola.

Cuando el patrón tiende a la intensificación, es posible que seamos capaces de reconocer lo que expresa el patrón de contención o a qué está reaccionando, además del recuerdo del acontecimiento (o acontecimientos) que lo produjeron, la carga emocional que contiene e incluso la edad (o edades) que teníamos cuando desarrollamos dicho patrón. Incluso es posible que encontremos el fragmento de la mentalidad infantil vinculado al movimiento.

Cuando el patrón se ha alejado lo más posible de la constricción, se producirá un movimiento espontáneo de liberación. Con la práctica, el movimiento defensivo se volverá cada vez más fluido y consciente hasta que gradualmente logremos liberarlo del todo. Se trata de un proceso muy sutil. No es un movimiento intencionado ni un acto defensivo. Se trata más bien de la observación interna de este fragmento de nosotros mismos –de nuestro cuerpo, corazón y mente– mientras sigue su propia secuencia hacia la constricción y la liberación.

Es importante que habitemos el espacio interior del cuerpo que ha quedado libre tras deshacernos del patrón de contención, que reclamemos este nuevo territorio interno. El ejercicio que permite habitar el cuerpo nos ayudará a mantener alejado el patrón.

Otro ejercicio del Proceso de Reconocimiento, que veremos con más detalle en el capítulo 7, puede ayudarnos a reconocer el modo en que nos hemos limitado a nosotros mismos en relación con las personas importantes de nuestra infancia. En esta práctica, por ejemplo, imaginamos a uno de nuestros padres en el espacio delante de nosotros. A continuación, sentimos que habitamos la totalidad de nuestro cuerpo y que el espacio que lo impregna también impregna la imagen que tenemos delante. Centramos la atención en el espacio que impregna la cabeza de nuestro padre y, al mismo tiempo, estamos atentos a cualquier cambio que se produzca en el interior de nuestro propio cuerpo. Entonces, centramos la atención en el espacio que impregna el cuello, el pecho, el abdomen y la pelvis de nuestro padre, mientras seguimos atentos a cualquier cambio que se produzca en nuestro propio cuerpo. Mediante este ejercicio podemos descubrir el modo en que nos hemos protegido de nuestros padres y también hasta qué punto hemos reproducido sus patrones. También puede ayudarnos a sentir los profundos lazos de amor que nos unen a ellos.

Este ejercicio proporciona una base eficaz para comprender nuestras relaciones precoces, e incluso para encontrar la compasión tanto por nosotros mismos como por nuestros padres. Una vez trabajé con una mujer cuyo padre nunca le había transmitido amor, lo que le hacía sentir un amargo enojo hacia él pero que también provocaba que fuera muy crítica consigo misma al considerar que tenía algún tipo de defecto o que era una persona desagradable. Sin embargo, cuando armonizó con el espacio que impregnaba la imagen del pecho de su padre, se dio cuenta de lo oprimido que estaba, e incluso fue capaz de percibir que el padre también había sufrido heridas emocionales de niño. Gracias a esto, la mujer comprendió que su padre había hecho todo lo posible por amarla y que a ella no le ocurría nada malo. Fue capaz de perdonar a su padre, y de perdonarse a sí misma, por las limitaciones en la relación y sentir amor por él sin necesidad de que su padre se convirtiera en alguien que no era.

Aunque el objetivo es la liberación total de las constricciones corporales provocadas por los traumas, no es indispensable que nos liberemos completamente de ellos para poder habitar el espacio interior de nuestro cuerpo. A medida que nos deshagamos de los principales patrones de inhibición en nuestro cuerpo, seremos más capaces de establecer un contacto interno con nosotros mismos. Mucho antes de habernos deshecho de todos ellos, si es que lo conseguimos, lograremos abrir todo nuestro cuerpo lo suficiente como para descubrir nuestra identidad básica: la consciencia fundamental y sutil que impregna tanto el interior como el exterior de nosotros mismos de un modo integral. Como transparencia básica, cada vez nos resultará más fácil reconocer y liberar los patrones de contención que dominan nuestro cuerpo, lo que, a su vez, nos permitirá volvernos aún más receptivos corporalmente. De modo que, incluso después de haber logrado un equilibrio en nuestra comprensión de la unidad interna y externa, podremos seguir abriéndonos a la vasta amplitud de la consciencia fundamental.

EJERCICIO 8 • **Liberación de las constricciones del núcleo sutil del cuerpo**

Encuentra un punto de tu cuerpo en el que sientas que hay un área de tensión.

Encuentra el centro de tu cabeza.

Desde el centro de la cabeza, centra la atención en el interior de la tensión en tu cuerpo.

Manteniendo la atención en ese punto, respira con normalidad a través de la nariz. Permanece atento a cualquier sentimiento, pensamiento, recuerdo o imagen que pueda surgir mientras lo haces.

Armoniza con el tono emocional de la tensión. Intenta percibir la emoción (si es que hay alguna) contenida en el interior de la tensión. ¿Cuántos años crees tener al experimentar dicha emoción? Si estás recordando algún momento de tu pasado, ¿qué ocurre a tu alrededor mientras evocas el recuerdo?

Es posible que armonices de tal modo con la tensión que experimentes un movimiento espontáneo en la dirección de la posición constreñida. En otras palabras, estás experimentando exactamente el movimiento que provocó el bloqueo de esa parte de tu cuerpo. No se trata de un movimiento deliberado, sino de la observación de un movimiento espontáneo en el interior de tu cuerpo.

Durante el proceso, es posible que también sientas lo que expresa el movimiento, lo que estás conteniendo o aquello de lo que te estás protegiendo. En ese caso, no te resistas y permite que la constricción se libere sola. Repite el movimiento hacia la constricción y la liberación varias veces. Ésta se producirá paulatinamente. Con la práctica, el movimiento hacia la constricción se volverá más fluido y consciente. Con el tiempo, desaparecerá completamente.

Segunda parte
Sensibilidad espiritual

Capítulo 4

Piel fina: el reto de ser resistente

La mayoría de las personas no me traen un regalo en la primera sesión, pero Eva sí me trajo uno. Deslizó la mano por la puerta antes de entrar, de modo que vi el regalo antes de conocerla: un ramo de espigadas flores de color amarillo claro envueltas en papel de seda blanco. Eva entró poco después; era una mujer alta, angulosa, con el pelo muy negro y unos ojos azules despiertos pero precavidos. Cuando me entregó el ramo, una de las flores se partió y quedó colgando del tallo. Eva me miró con aprensión.

Dejé las flores cuidadosamente en una mesita auxiliar e invité a Eva a sentarse en el sofá que había delante de mi silla. Su cautela pareció relajarse ligeramente mientras se sentaba y me miró fijamente a los ojos durante unos momentos. No parecía estar observándome, sino más bien escuchando algo, como si fuese capaz de captar tanto mis buenas como mis malas cualidades en el silencio reinante. Cuando finalmente habló, me sorprendió la tímida cortesía de su voz.

—¿Te importa si me siento allí? –me preguntó señalando otra silla. Cuando se hubo cambiado de sitio y yo giré mi silla para situarme frente a ella, Eva se disculpó–: Ahora mismo no puedo mirar esa pintura. –El grabado colgado en la pared detrás de mi silla era una pintura abstracta con colores brillantes y mucho movimiento.

Eva cerró los ojos y se quedó sentada durante un buen rato completamente inmóvil. Parecía estar concentrada en su respiración, o incluso esforzándose por respirar. Estuve esperando a vislumbrar alguna señal que me indicara que estaba lista para empezar la sesión, pero me preocupaba que pasásemos toda la hora de aquel modo.

—Eva –dije en voz baja–, ¿qué esperas de la sesión?

Ella abrió los ojos lentamente y me devolvió la mirada; seguía respirando con el mismo ritmo artificioso. Por un instante tuve una clara visión a través del brillo azulado de sus ojos. Pero el instante fue muy breve; Eva me rechazó y sus ojos se transformaron en dos discos planos. Me di cuenta de que la superficie de su cuerpo estaba tensa, como si estuviera recubierto de una fina capa de barniz frágil y opaca.

—He visto a tantos terapeutas –dijo ella pronunciando el nombre de mi profesión con aversión–. Todos me han dicho que mi padre era muy exigente y que mi madre era dependiente emocionalmente. No ha servido de nada; no me ha ayudado en lo más mínimo. Sigo sintiéndome agobiada. Sigo sin poder caminar por la calle y sentirme como una persona normal; cada vez que leo un titular de periódico me siento… ya sabes. –Se le llenaron los ojos de lágrimas, como si hubiera recordado algo muy doloroso–. No tolero el ruido de los coches que pasan por delante de mi casa, ni el zumbido del ordenador, ni el sonido agudo de la calefacción cuando trato de concentrarme. –Se detuvo de golpe, como si hubiera perdido la esperanza de que pudiera entenderla. Dirigió la mirada hacia la ventana que hay al otro lado de la habitación y pareció distraerse con lo que ocurría en la calle, dejando su forma rígida y vacía cuidadosamente plegada sobre la silla. Tuve la sensación de que intentaba encontrar la calma entre los árboles del exterior.

Como si me hubiera leído la mente, Eva continuó:

—Sólo me siento real cuando estoy rodeada por la naturaleza. Es como si pudiera oír cómo hablan los árboles… aunque no con palabras. –Eva se detuvo y prestó mucha atención a mi reacción–. Seguramente pienses que estoy loca, pero no creo que lo esté. Puedo sentir la vida en el interior de los árboles; es como una voz. Supongo que es la única voz que me resulta agradable. –Tras decir aquello, consiguió endurecer aún más la barnizada superficie de su cuerpo, quedándose tan inmóvil y remota como una estatua y relegándome al mundo tosco y antinatural de los seres humanos.

Nos quedamos un rato sentadas en silencio. Relajé un poco la ansiedad que había estado acumulándose en mi pecho y sentí que Eva también se relajaba conmigo. De repente, fui consciente del zumbido de la máquina de ruido blanco al otro lado de la puerta del despacho y fui a apagarla. Cuando volví, Eva también había recuperado su presencia en la habitación.

—Lo que espero de la sesión es poder vivir en el mundo tal y como soy –dijo Eva.

Sensibilidad sensorial

Las personas espiritualmente sensibles han vivido desde la más temprana infancia en armonía sutil con el mundo que las rodea. Los estímulos sensoriales, como colores, sonidos u olores, les afectan con una intensidad especial.

Aunque esta sensibilidad es una fuente de deleite, también puede provocar desagradables molestias. Las personas sensibles suelen tener una baja tolerancia a los estímulos agresivos. Sienten que la vida les impacta de un modo directo, que son incapaces de establecer una distancia, o barrera, entre su persona y su entorno. Suelen considerarse «más endebles» que otras personas y sienten que no tienen la suficiente sustancia para soportar las fuerzas cáusticas a su alrededor. Pueden sentirse desplazados por un ruido fuerte o un color intenso, o por la presencia de otra persona. Los sonidos de la calle, las inflexiones de las voces de otras personas, incluso el supuesto ruido blanco de los distintos motores de los aparatos domésticos pueden perturbar su capacidad para sentir su vida interior o sus pensamientos y sentimientos.

Las personas con una sensibilidad sensorial excepcional suelen ponerse nerviosas en ambientes con una profusión de estímulos que los demás toleran sin problema. Una fiesta o una película emocionante, por ejemplo, puede afectarles negativamente durante días. También son capaces de percibir pequeños matices en las expresiones faciales o tonos vocales de otras personas. «Sólo oír a alguien diciendo hola», me dijo en una ocasión un amigo, «es como escuchar una sinfonía interpretada por toda una orquesta». Consecuentemente, la sensibilidad sensorial, al avasallar al sistema nervioso, puede producir un efecto similar al trauma. Muchas personas sensorialmente sensibles viven en un estado crónico de sobreestimulación, lo que significa que casi nunca se relajan del todo. Hasta cierto punto, siempre están «con el alma en vilo».

Para evitar sentirse aplastados por los demás, pueden llegar a evitar las relaciones cercanas. O a conectar con las otras personas sacrificando el contacto interior con sus propias emociones, pensamientos, deseos y necesidades. Sus relaciones suelen caracterizarse por el conflicto entre la necesidad de intimidad y la de conocerse a sí mismos y expresarse como tales.

Pero la sensibilidad, es decir, la capacidad de ver el interior de otras personas y cosas, y de sentirse profundamente conmovido y afectado por ellos, es paralela a la capacidad para el contacto y la intimidad. Esto puede convertirse en un frustrante dilema para las personas sensibles. Cuanto más capaces son de entrar en contacto con el mundo que las rodea, menor es su tolerancia a los estímulos que provoca dicho contacto.

Tener una relación con personas extremadamente sensibles también puede resultar complicado. Lo que puede parecer una falta de respuesta al afecto, por ejemplo, en realidad es un mecanismo de protección ante la sobreestimulación. Es posible que debamos acercarnos a ellos más lentamente y con mayor cuidado que a otras personas, en especial cuando empecemos a tener relaciones sexuales con ellos. Hace poco, una mujer se quejaba de que su marido se limitaba a tocarle un pecho cada vez que quería tener relaciones. El marido estaba desconcertado ante semejante protesta pues, según su parecer, a la mayoría de las mujeres les gusta que les toquen los pechos. No obstante, terminó descubriendo que su mujer podía sentir un intenso placer cuando la tocaba con más suavidad y delicadeza.

La investigación

La psicóloga Elaine Aron, en su investigación sobre personas altamente sensibles, descubrió que entre el 15 y el 20 por 100 de los individuos entrevistados se describieron a sí mismos como extremadamente sensibles. Aron considera que la sensibilidad es la capacidad de percibir más que otras personas y reflexionar de un modo más profundo sobre la información obtenida.[9]

Con la excepción de Aron, gran parte de la literatura actual sobre la sensibilidad emocional la considera un problema, como un trastorno del sistema nervioso. Una línea de investigación muy popular sobre el tema, y que ha sido puesta en la palestra por el libro de Carol Kranowitz *The Out-of-of-Sync Child*, está basada en el trabajo del Dr. A. Jean Ayres, quien describe algunas de las dificultades a las que se enfrentan las personas sensibles como «trastorno del procesamiento sensorial» o «desorden de integración sensorial».[10] A pesar de que muchas personas sensibles padecen algunos de los resultados de la sobreestimulación mencionados por los terapeutas del procesamiento sensorial (como, por ejemplo, la tendencia a distraerse fácilmente o desorientarse y la aversión por los sonidos fuertes o la ropa que pica), la sensibilidad que describo aquí no es en sí misma un trastorno. Es un don, un indicador del potencial espiritual. Al contrario que el conjunto de síntomas mencionados por la literatura del procesamiento sensorial, las personas que tienen este don suelen tener una buena coordinación y ser altamente funcionales.

A veces, los psicólogos tradicionales interpretan la sensibilidad extrema, así como la tendencia resultante al aislamiento y la tenue conexión con nuestra vida interior, como una señal de lesiones psicológicas precoces y/o severas. En su mayoría, sin embargo, las personas sensibles no muestran los síntomas asociados normalmente con desajustes psicológicos graves; por ejemplo, a menudo evidencian una desarrollada capacidad empática y una preocupación desinteresada por los demás, además de entender y tolerar las contradicciones en el comportamiento ajeno. Sus emociones son profundas y auténticas y disponen de una capacidad de pensamiento complejo y abstracto.

---

9. Elaine N. Aron (1997): *The Highly Sensitive Person,* Nueva York, Broadway Books. (Traducción española en Ediciones Obelisco).
10. Carol Kranowitz (2006): *The Out-of-Sync Child: Recognizing and Coping with Sensory Processing Disorder,* Nueva York, Perigee Trade.

La letra pequeña de la naturaleza

He descubierto que, además de la capacidad para percibir mejor su entorno, las personas sensibles a veces tienen acceso a un rango sutil de percepción que no depende de la agudeza de los sentidos, como la «visión 20/20». Con la madurez espiritual, los sentidos se vuelven cada vez más refinados y «transpersonales»; por ejemplo, el venerado sabio hindú Ramakrishna tenía un sentido del tacto tan refinado que lloraba cuando veía cómo azotaban a una vaca porque podía sentir (no sólo imaginar) el dolor del animal.

Las personas con una sensibilidad desarrollada son capaces de detectar una sutil gama de fenómenos sensoriales que pueden describirse como «vibratorios». Pueden ver la luz o el color que emana de las personas, los animales y las plantas, o escuchar el zumbido sutil de los campos energéticos en el aire que las rodea. Algunos pueden sentir la fuerza vital que circula por el interior de un árbol o una planta simplemente apoyando una mano en ellos, o incluso percibir dicho movimiento sin contacto físico alguno. O son capaces de distinguir dolor físico, tensiones o emociones específicas en el interior del cuerpo de otra persona. Pueden sentir la vibración producida por las emociones e intenciones de la gente incluso cuando no se corresponden con su expresión facial o su tono de voz. Algunos poseen percepción extrasensorial (ESP), es decir, la capacidad de transmitir y recibir información de un modo que parece completamente independiente del uso convencional de los sentidos. Una vez trabajé con un terapeuta corporal que era capaz de oír las palabras que yo estaba pensando y repetírmelas literalmente. Este mundo sensorialmente rico y a veces contradictorio puede resultar abrumador y confuso, especialmente para un niño. También puede alienarlo de los miembros de su familia o de otros niños al considerar que sus percepciones son demasiado extrañas o incluso amenazadoras.

En este rango sutil de la percepción también encontramos las visiones interiores, las cuales suelen verse en la frente o en el espacio justo delante de ésta. Pueden ser formas geométricas, tales como círculos concéntricos o triángulos, o caras o figuras, o también pueden ser imágenes de acontecimientos futuros o información sobre otras personas. A diferencia de las alucinaciones, estas experiencias sensoriales no son el producto de la imaginación y no representan ni expresan los traumas de la infancia del vidente. Las personas sensibles ven, oyen y sienten estímulos que están realmente presentes como aspectos sutiles de la naturaleza.

A algunas de estas personas, las experiencias sensoriales sutiles les resultan inquietantes y confusas, sobre todo si aparecen súbitamente. En una ocasión trabajé con una mujer que empezó a ver luz en el aire. Durante muchos meses, hasta que se acostumbró a su nuevo nivel de sensibilidad, la luz le resultaba tan molesta que intentaba deshacerse de ella apartándola con las manos.

Volverse más sensible

Aunque la sensibilidad puede provocar incomodidad, es una vía de entrada a la dimensión espiritual de la vida. A veces las personas sensibles intentan volverse más sólidas o densas, o se desconectan de la oleada de estímulos de la vida cotidiana. Sin embargo, el remedio a este malestar en realidad consiste en ser más sensibles y abiertos. A medida que desarrollamos nuestra sensibilidad, podemos refinar nuestra consciencia de tal modo que llegue a convertirse en la transparencia luminosa de la consciencia fundamental que impregna el mundo material. Cuando sucede esto, los estímulos pueden moverse a través de esta dimensión de la consciencia sin perturbarla. En tanto consciencia fundamental, tú permaneces estable y abierto mientras el movimiento de la vida fluye a través de ti. Esto significa que puedes continuar buscando una mayor armonía sutil con la vida sin que el mundo que te rodea te abrume.

La armonía con la consciencia fundamental también nos ayuda a tolerar los estímulos del entorno porque requiere que habitemos nuestro cuerpo. Cuando vives dentro del cuerpo, eres capaz de sentir la profundidad interna y la totalidad. También puedes sentir las cualidades de tu ser, como el amor, la comprensión y el poder. Experimentamos la auténtica existencia, la capacidad de poseernos desde el interior de nosotros mismos. La profundidad interna, la totalidad y la cualidad del ser no pueden destruirse. Los estímulos se mueven a través de ellos sin alterarlos.

A medida que se refinan tus sentidos –a medida que alcanzas el rango sutil de tus sentidos–, también se vuelven más unificados. La naturaleza vibratoria de la realidad, que se revela a través de los sentidos sutiles, puede verse/escucharse/tocarse/olerse/saborearse al mismo tiempo.

Finalmente, cuando te reconoces a ti mismo como consciencia fundamental, cada momento es una experiencia única y directa. Todos los estímulos sensoriales parecen surgir directamente del amplio espacio vacío de tu consciencia, sin esfuerzo alguno por tu parte. Esto produce una sensación de inmediatez o «instantaneidad» que suele estar asociada a las experiencias espirituales.

Manos a la obra

En mi segundo encuentro con Eva, le enseñé el primer ejercicio del Proceso de Reconocimiento: la armonización directa con la consciencia fundamental mediante el proceso de habitar el espacio interior de su propio cuerpo. Como ya expliqué en el capítulo 1, habitar el cuerpo no es lo mismo que ser consciente de él. Significa vivir realmente en su interior, sentir que *eres* el espacio interno de ti mismo.

La mayoría de las personas viven en la superficie de sí mismos o incluso más allá de su cuerpo, y experimentan el entorno desde dicha perspectiva externa. Esto es especialmente cierto en las personas con una sensibilidad desarrollada que durante toda su vida han tenido una actitud hipervigilante respecto a su entorno. Su estado de alerta a los estímulos visuales y auditivos entorpece su capacidad para concentrarse en el mundo externo. Si su entorno durante la infancia resultaba amenazante o impredecible, el miedo puede exacerbar dicho patrón. Es posible que no se atrevan a concentrarse en su mundo interior y que tengan miedo de que suceda algo terrible si dejan de controlar lo que ocurre a su alrededor.

Sin embargo, cuando vivimos en la superficie protectora de nosotros mismos, tenemos la sensación de que el mundo nos afecta de un modo directo. Paradójicamente, cuando disolvemos esa rígida capa y empezamos a vivir en el espacio interno de nuestro cuerpo, es posible que la vida nos impacte de un modo más profundo pero sin desplazarnos ni aniquilarnos.

Como he explicado en el capítulo 2, el proceso de armonización con la consciencia fundamental empieza con un ejercicio de respiración que puede ayudarte a entrar en contacto con tu yo interior. Para ello, debes inspirar por la nariz y dirigir el aire a través del espacio interior de la cabeza. Al espirar simplemente suelta el aire.

Este tipo de respiración tiene dos objetivos. En primer lugar, aprender a dirigir la respiración hacia dentro. Dirigir la respiración a través de la cabeza nos ayuda a desarrollar la capacidad de penetración interior, a adentrarnos en las profundidades desconocidas de nuestro cuerpo. Esta primera fase es una preparación para poder contactar y habitar la profundidad interior del cuerpo.

El segundo objetivo del ejercicio es perfeccionar el modo en que respiramos. Cuando vives dentro de tu cuerpo, la respiración se vuelve más sutil. No sólo el sistema respiratorio está involucrado, sino todas las partes de tu cuerpo simultáneamente. A través de este ejercicio empezamos a perfeccionar la respiración.

Tras instruir a Eva en esta forma de respiración interior, continué con el ejercicio.

—Siente que ocupas el espacio interior de tus pies –le dije–, que los habitas.

Dirigí la mirada hacia los largos y estrechos pies de Eva y vi que los tenía rígidamente apoyados en el suelo.

—Deja que se vuelvan más blandos –le sugerí–, así podrás adentrarte en ellos más fácilmente. Sobre todo suaviza la zona que queda justo delante de los tobillos, y relaja los dedos.

Para muchas personas la idea de habitar el cuerpo resulta extraña, y algunas la interpretan en el sentido de que deben visualizarse dentro de sus pies.

—¿Tengo que sentarme o tumbarme dentro de los pies? –suelen preguntarme, no sin motivo. Sin embargo, Eva pareció entender lo que le estaba pidiendo, ya que sus pies se ablandaron inmediatamente y pude ver cómo su espacio interior cobraba vida con su presencia.

—Ahora armoniza con la cualidad de tu yo en el interior de los pies.

Por supuesto, esta instrucción también es poco usual, y a veces la gente detiene aquí el ejercicio y me piden que les explique qué quiero decir. Armonizar con la cualidad del yo en el interior del cuerpo es una vía directa para entrar en la dimensión más sutil de uno mismo. Como ya he mencionado anteriormente, se experimenta como una cualidad particular y específica en todo el cuerpo que es percibida como la cualidad del «yo».

En otras palabras, lo sentimos como lo que siempre hemos interpretado, en el trasfondo de toda nuestra experiencia, como nuestro yo. Aunque la reconozcamos como la cualidad de nuestro yo interior, todo el mundo posee la misma. Al armonizar con la cualidad de nuestro yo en una parte del cuerpo, por ejemplo, en los pies, empezamos a despertar a toda nuestra profundidad interior como una unidad. De modo que la cualidad del yo es la puerta de entrada a la totalidad de nuestro ser esencial.

A Eva no le costó armonizar con la cualidad de su yo en el interior de los pies. Aunque no existe un término que describa dicha transformación cualitativa, se trata de un cambio que puede experimentarse en uno mismo y que un observador sensible también puede percibir.

—Ahora siente que ocupas el interior de los tobillos y la parte inferior de las piernas –continué.

Sin embargo, Eva no estaba preparada para moverse desde el espacio interno de sus pies. Su rostro adoptó un semblante de asombro y levantó una mano para detener mis explicaciones, como si cualquier comunicación verbal pudiera romper el hechizo. Nos quedamos allí sentadas un buen rato mientras Eva se familiarizaba con el espacio interior de sus pies. Finalmente, abrió los ojos y me dijo en voz baja pero con cierta autoridad:

—Ya es suficiente por hoy.

La experiencia de habitar su cuerpo, y la estimulante sensación de su propia existencia, fue tan intensa para Eva que tuvo que enfrentarse a ella de forma gradual. En cada sesión fue capaz de ir un poco más lejos con el ejercicio y habitar una nueva parte de su cuerpo. Recuerdo su expresión de solemne concentración cada vez que se adentraba en una nueva parte de sí misma, su cuidadosa respiración, como si estuviera saboreando un delicado elixir.

Eva necesitó seis sesiones para poder habitar todo su cuerpo. Después de ocupar cada parte por separado, el ejercicio requiere que habitemos todo el espacio interior de nuestro cuerpo simultáneamente. Para aquellos que siempre han vivido en la superficie de sí mismos, como le ocurre a la mayoría de la gente, es una alivio descubrir que dispones de un habitáculo interno en el que poder residir. En lugar de reconocernos simplemente como una interfaz fina y vulnerable en contacto con un mundo hostil y a veces amenazador, tenemos la capacidad de descubrir cómo somos realmente a través de la sustancia interior de nosotros mismos.

Aquí y allí: el mismo espacio

Cuando Eva fue capaz de habitar todo su cuerpo por primera vez, su rostro reflejó un placer casi intolerable. Ahora que ya me había familiarizado con su ritmo, esperé unos minutos antes de continuar con el ejercicio y me dediqué a observarla mientras ella se adaptaba a la intensidad de esta nueva experiencia. Cuando le pedí que armonizara con la cualidad del yo en el interior de su cuerpo, se puso tensa durante unos segundos.

—¿Voy a desaparecer? –me susurró.

—No –le aseguré–, estarás aún más presente que antes.

A medida que Eva armonizaba con la cualidad de su yo, empezó a brillar desde dentro. Los ángulos agudos de su cuerpo ahora parecían redondeados y suaves. Era como una maduración interior, como si algo que había estado latente y duro se hubiera vuelto suave y vital.

—Es verdad –dijo–. Estoy realmente aquí. Ésta soy yo.

—Con los ojos cerrados –continué–, encuentra el espacio más allá de tu cuerpo, el espacio de la habitación. –El poderoso radar de Eva escaneó la habitación–. Ahora siente que el espacio interior y exterior de tu cuerpo es un único espacio continuo que te impregna. Aún sigues dentro de tu cuerpo, pero eres permeable, transparente. El espacio interior y exterior forma un único espacio continuo.

Muchas personas no necesitan esta última instrucción. Sólo con habitar la totalidad del espacio interior del cuerpo, se disuelve la sensación de que existe un límite entre la experiencia interna y externa. Al habitar de forma espontánea la totalidad del cuerpo, descubrimos la consciencia fundamental, sutil y unificada que impregna al mismo tiempo nuestro cuerpo y nuestro entorno. En términos prácticos, esto significa que podemos experimentar la cohesión interna y tener un contacto más profundo con nosotros mismos al tiempo que experimentamos la conexión con el mundo que nos rodea. Como consciencia fundamental, nuestra atención a la experiencia interna y externa se equilibra completamente.

Cuando Eva logró armonizar con el espacio que impregnaba al mismo tiempo su cuerpo y su entorno, se hizo aún más radiante y transparente, como si estuviera hecha de luz pura. También pareció calmarse y asentarse más profundamente en el interior de su cuerpo.

—Eva –le dije para continuar con el ejercicio–, abre los ojos lentamente. Aún quedan algunos pasos que debes hacer con los ojos abiertos.

Tras unos instantes, Eva empezó a parpadear y, muy lentamente, abrió los ojos. Sin embargo, al verme sentada delante de ella, volvió a cerrarlos.

—No pasa nada –le dije mientras me ponía de pie y cruzaba la habitación–. Me quedaré aquí, donde no puedas verme, así podrás mirar delante de ti. –Aquello resultó más fácil de decir que de hacer, ya que la «amplitud visual» de Eva cuando volvió a abrir los ojos parecía abarcar toda la habitación. Decidí pegarme todo lo que pude a la pared más alejada y ella se concentró en la silla vacía que había frente a ella.

—Ahora, con los ojos abiertos –continué–, experimenta que ocupas todo el espacio interior de tu cuerpo al mismo tiempo.

Sabía que aquello resultaría extremadamente difícil para alguien tan sensible a su entorno como Eva.

—Intenta mantener el contacto interno contigo misma –le indiqué– mientras experimentas el espacio que te rodea. Sea cual sea el aspecto del mundo, sigues teniendo tu propio templo para sentarte en él.

Eva pareció entender perfectamente el concepto de templo interior. Se instaló dentro de sí misma y, de algún modo, se volvió más redondeada y completa.

—Ahora encuentra el espacio más allá de tu cuerpo, el espacio de la habitación. Siente que el espacio dentro y fuera de tu cuerpo es un único espacio continuo.

Como les ocurre a muchas personas, Eva percibió el espacio que impregna tanto su entorno como su propio cuerpo, pero no el de la cabeza. Fue como si mantuviera la cabeza al margen para poder observar el proceso de armonización.

—Deja que el espacio te impregne completamente –le indiqué–, incluso la cabeza. Así podrás sumergirte del todo en este espacio omnipresente.

Finalmente, Eva entregó la cabeza a la transparencia y amplitud de la consciencia fundamental. En tanto consciencia fundamental, no es necesario que nos separemos de nuestra experiencia para observarla. Nuestra capacidad de observación y de experimentación se unifican.

—Eva –continué–, me voy a quedar aquí, pegada a la pared. Sin mirarme, a ver si puedes sentir que el espacio que te impregna también me impregna a mí.

De golpe, sentí que la atención de Eva abandonaba su cuerpo y entraba en el mío.

—No abandones tu cuerpo –le advertí–. No tienes que dejar el interior de tu cuerpo para sentir que el espacio nos impregna a las dos. Simplemente debes asentarte en el espacio que ya existe y que lo impregna todo.

Aunque estas instrucciones pueden parecer extrañas, casi todo el mundo es capaz de ponerlas en práctica. El espacio omnipresente de la consciencia fundamental ya está ahí; nosotros no lo creamos ni lo imaginamos. Pasado un tiempo, ni siquiera debemos armonizar con él. Aunque estos ejercicios son actos volitivos de armonización, con el tiempo seremos capaces de penetrar espontáneamente en esta dimensión sutil y alcanzar la transparencia de nuestro propio ser y de todo lo que nos rodea.

La consciencia fundamental es nuestro estado más relajado porque es la parte de nosotros mismos que no depende de ningún ardid ni de nuestra imaginación. Es quien realmente somos. Pero, como ya he indicado, si entramos en este espacio sin antes haber habitado nuestro cuerpo, probablemente entraremos en él desde la superficie de nosotros mismos. Para poder entrar en nuestra esencia espiritual más sutil, debemos experimentar cómo impregna tanto nuestro cuerpo como nuestro entorno.

Aunque Eva pareció brevemente sorprendida, fue capaz de asentarse en el pseudoespacio de la consciencia que impregnaba mi cuerpo sin abandonar el suyo. De repente levantó la mirada y me dirigió una cálida sonrisa. Fue su primer reconocimiento del vínculo que había estado creciendo entre nosotras durante las últimas semanas. Sentirse conectada consigo misma y conmigo al mismo tiempo le dio la sensación de seguridad que necesitaba para expresarme su gratitud. Le devolví la sonrisa.

—Ahora el siguiente paso –le dije–. Siente que el espacio que impregna tu cuerpo también impregna las paredes de la habitación. Así de sutil es; impregna incluso las paredes, el suelo y el techo. En este caso tampoco necesitas abandonar tu cuerpo para experimentarlo.

Tras haber permanecido durante unos minutos en este espacio ubicuo, le pregunté:

—¿Cómo te sientes?

Eva se quedó un buen rato en silencio. Y entonces dijo:

—Me siento muy blanda, como si acabara de nacer. –Y, de repente, recuperó la fragilidad y opacidad anterior–. Pero, ¿cómo mantengo esta sensación en la calle? –me preguntó–. ¿O cuando estoy con otras personas?

Transparencia en acción

Aunque esta esencia profunda de nosotros mismos nos resulte blanda y suave, también se experimenta de forma trascendente, como la existencia misma. En el budismo, se dice que es dura e indestructible como un diamante. De hecho, esta dimensión extremadamente sutil no puede ser dañada de ningún modo. En el budismo zen, este espacio se describe así: «Nunca me he movido del principio». Siempre ha estado presente, en el núcleo de nuestro ser, incluso antes de que reparáramos en él. Además, para poder armonizar con este espacio ubicuo, debemos establecer un contacto profundo con nuestro propio ser, de modo que esta blandura sea receptiva y sensible, pero también fuerte y segura.

Le sugerí a Eva que pusiera en práctica el ejercicio de habitar el cuerpo cada vez que estuviera en un lugar público, como un restaurante, un cine o en el trabajo. Quería que se sintiera segura dentro de su propio cuerpo antes de empezar a practicar la armonización con el espacio que la impregnaba tanto a ella como a su entorno fuera del ámbito seguro de mi consulta.

Eva trabajaba como diseñadora gráfica en una agencia de publicidad. Me había comentado que estaba planteándose dejar el trabajo porque no se sentía estimada por sus compañeros. A menudo tenía la sensación de que hablaban de ella a sus espaldas. Pero también me reconoció que se había sentido de igual modo en otros entornos de trabajo, y que por esa razón no solía durar mucho tiempo en los trabajos. Es común que las personas sensibles sean extremadamente conscientes de las diferencias que los separan de los demás, o incluso que malinterpreten expresiones faciales como la desaprobación o el ridículo.

Tras varias semanas de práctica, Eva me contó que había experimentado un gran avance. Había asistido a una reunión de personal, un evento mensual que siempre le había resultado «insoportable». Me aseguró que normalmente se sentía invisible o demasiado visible entre los demás miembros del personal.

—Pero esta semana he sentido algo que no había sentido jamás en mi vida –me dijo–. He sentido que estaba ocupando un espacio. –La emoción circulaba por todo su cuerpo mientras hablaba, y se llevó las manos al pecho como para intentar contenerla–. Durante la reunión, me di cuenta de que había un lugar para mí. Yo estaba en mi cuerpo y todos los demás estaban fuera de él. ¿Tiene eso algún sentido? ¡Ja! Existo porque ocupo un espacio; puedo sentir cómo lo estoy ocupando. Y no dejé de armonizar con el sentimiento de amor dentro de mi pecho –continuó–. Me dije, «soy una buena persona, tengo todo este amor dentro de mi pecho. No importa lo que piensen de mí». Y entonces empecé a percibir quiénes eran ellos, en lugar de quién creen que soy yo.

Después de algunos meses, noté un cambio en Eva. Su cuerpo se suavizó aún más, y los ángulos agudos de sus largas extremidades parecían más armoniosos. Sus ojos habían perdido parte de su opacidad. Aunque parecía estar más asentada dentro de sí misma en lugar de ir a la deriva en su propio cuerpo, su postura aún transmitía cierta sensación de aislamiento y protección.

Le pregunté cómo le iba en el trabajo.

—Oh, mucho mejor –me aseguró–. Ahora me siento más yo misma. Estoy estableciendo límites, cierro la puerta de mi oficina cuando hay demasiado ruido en el pasillo. Antes siempre tenía miedo de que pensaran que era rara si lo hacía.

—Eso es genial, Eva. Pero aún te sientes un poco aislada, ¿verdad?

Eva se quedó callada durante un buen rato. Como ocurriera en nuestra primera sesión, parecía estar comprobando si la atmósfera de la habitación transmitía confianza. Finalmente, dijo:

—Todos parecen saber cómo hablar entre ellos, todos escuchan la misma música y ven las mismas películas. Yo me siento distinta.

Al decir aquello, su voz transmitió más emoción de la habitual. En lugar de su habitual tono calmado y reflexivo, parecía enojada, desafiante y triste. De repente, se había convertido en una niña de unos ocho o nueve años, confundida y terriblemente solitaria.

Por primera vez desde que empezamos a trabajar juntas, dedicamos la sesión a hablar de su infancia. Aunque era la hermana mayor, sus dos hermanos nacieron cuando ella aún era pequeña. Recordaba que se pasaban el día llorando y que cuando se hicieron más mayores, sus ruidosos juegos se oían por toda la casa. Siempre le molestaron los sonidos del resto de la familia en el pequeño apartamento, de modo que pasaba todo el tiempo que podía encerrada en su habitación con la puerta cerrada. Incluso allí, recordaba el bombardeo de los sonidos y olores de la ciudad a través de la ventana. Cuando empezó a ir a la escuela, también allí se sintió fuera de lugar. Los otros niños le parecían «demasiado grandes, demasiado ruidosos»; incluso se sentía alarmada por la forma en que se movían, se empujaban y corrían durante el recreo.

Eva pudo sentir que había «endurecido la piel» para separarse de ellos. También había descubierto que si se mantenía inmóvil, los sonidos y los movimientos a su alrededor no podían «entrar» en ella. Ahora era capaz de reconocer cómo esa rígida inmovilidad también le había impedido experimentarse a sí misma.

Le sugerí que estaba lista para poner en práctica el ejercicio para sentir el espacio que la impregnaba a ella y a sus compañeros de trabajo. Seguiría estando en su cuerpo, pero ya no se sentiría aislada de la gente que tenía a su alrededor. Le recordé que era perfectamente capaz de experimentarlo conmigo sin ningún problema.

—Pero aquí, contigo, es muy distinto –se quejó–. Aquí hay tranquilidad; tú eres tranquila. Y me tratas con amabilidad. Mis compañeros no son amables. No quiero compartir el mismo espacio con ellos. –Pareció sorprendida por su arrebato y el tono furioso con el que había hablado–. Guau –continuó–, estoy muy enfadada con ellos y ni siquiera los conozco. Es como si estuviera enojada con el mundo. –Levantó tímidamente la mirada y yo asentí. Ambas sabíamos que acababa de reconocer algo importante sobre sí misma.

Antes de poder vivir en la infinitud de la consciencia omnipresente, primero debía resolver la ira que sentía hacia un mundo que le hacía daño. En el caso de Eva, fue un proceso de perdón. Durante las semanas siguientes, hizo un esfuerzo por perdonar a sus hermanos por el hecho de ser tan ruidosos cuando eran niños y a sus compañeros de trabajo por vivir en una esfera sensorial tan distinta de la suya. También me dijo que había perdonado a los medios de comunicación e incluso a los artistas y músicos por sus diseños chillones y su música monótona y ruidosa. Finalmente, se enfrentó a la ira que sentía hacia sus padres por no haber entendido nunca su sensibilidad.

La escuché mientras discutía largo y tendido sobre sus dolorosos sentimientos de enojo y vergüenza, y también cuando se adentró en el camino de la compasión tanto hacia ella misma como hacia el mundo que la rodeaba. No hay forma de separar los aspectos psicológicos de los espirituales en este proceso de sanación profunda. Eva tuvo que desandar su historia personal hasta encontrar los primeros recuerdos de repulsión hacia una atmósfera abrasiva para poder entender y corregir la repulsión automática en su vida actual. Tuvo que ser consciente de las desagradables sensaciones que había atesorado en su cuerpo desde la infancia, sensaciones como la repugnancia y la opresión inerme, para evitar que éstas siguieran condicionando sus respuestas ante el mundo.

Poco a poco comprendió que nadie tenía la culpa por haberse sentido tan distinta a los demás, y empezó así a regresar a un mundo que había rechazado. La aceptación gradual de su entorno, con toda su sonoridad e insolencia, también le permitió sentirse más aceptada. Se volvió menos recelosa, lo que le permitió estar menos a la defensiva. Finalmente, aprendió a aceptar y valorar su sensibilidad, siendo capaz de apreciar el mundo alegre, con matices y vibrante que le revelaba su sensibilidad. E incluso empezó a describírselo a los demás.

Dejar que la vida fluya

Durante unos meses de trabajo, seguimos practicando el ejercicio de armonización con la consciencia fundamental. La parte más útil del ejercicio para Eva fue la armonización con la inmovilidad del espacio omnipresente mientras trabajaba en los movimientos de su respiración. La respiración circula a través de la quietud de la consciencia fundamental sin perturbarla ni alterarla. Esta práctica también le ayudó a experimentar cómo los pensamientos, emociones y sensaciones físicas, incluso las visiones y sonidos de su entorno, podían moverse a través del espacio sin alterar su inmovilidad.

Este ejercicio puede ayudarnos a distinguir la quietud de nuestra auténtica identidad, el fundamento sutil de nuestro ser, del movimiento de toda nuestra experiencia. Esto no significa que estemos separados de nuestra experiencia o que ésta nos afecte menos. Todo lo contrario, cuanto más nos identifiquemos con la quietud de la consciencia fundamental, con mayor intensidad experimentaremos la vida, ya que, en tanto consciencia fundamental, no interferiremos en el flujo de nuestros pensamientos, emociones, sensaciones y percepciones.

La consciencia fundamental y los sentidos

Le enseñé a Eva el ejercicio para oír y ver como consciencia fundamental.

En primer lugar, y con los ojos abiertos, armonizó simultáneamente con el espacio que impregnaba su cuerpo y su entorno.

Entonces le dije:

—Experimenta que todos los sonidos que estás escuchando en este momento se producen en la quietud del espacio, sin perturbarla. El espacio mismo está escuchando los sonidos. No tienes que escuchar para poder oír: puedes captar los sonidos sin esfuerzo alguno. Los sonidos son patrones vibratorios que recorren el espacio sin transformarlo en ningún aspecto.

Ambas nos sentamos en la apertura del espacio mientras el sonido del calefactor y del tráfico distante lo atravesaba. Por increíble que resulte, mientras escuchábamos, un pájaro solitario empezó a cantar en ese mismo momento, tintineando cada nota como una campana en el silencio despejado y expuesto.

—Ahora –continué– permite que todo lo que ves simplemente ocupe el espacio tal y como es. Tu campo visual se relaja y se unifica con la consciencia fundamental. El espacio mismo es el que ve; no tienes que mirar para poder ver. Puedes recibir las imágenes visuales sin hacer ningún esfuerzo.

Aunque Eva no tuvo ningún problema en permitir que el espacio fuera quien escuchara, ver a través de la consciencia fundamental le resultó más difícil. Le indiqué que mirara por la ventana las ramas del árbol agitadas por el viento.

—Intenta experimentar la quietud del espacio y las hojas moviéndose a través de él sin perturbar la quietud. Es como dejar que tu respiración circule por el espacio. La quietud y el movimiento están ahí de forma simultánea.

Cuando Eva miró por la ventana, recordé su primera sesión, cuando había buscado refugio a nuestro encuentro en los árboles del exterior. Ahora permanecía en su cuerpo y era capaz de sentir el espacio que la impregnaba tanto a ella como a los árboles. Mientras la observaba, su contención visual se relajó paulatinamente, disolviendo el último rastro de opacidad en sus ojos.

—Siente –continué– que todo lo que oyes y ves ocurre simultáneamente en el espacio sin perturbarlo. Las imágenes y los sonidos surgen directamente del espacio. Ves y oyes sin esfuerzo alguno.

Por primera vez desde que la conocía, Eva parecía estar cómoda. No tenía que defenderse de nada, y no abandonaba su cuerpo ante las visiones y sonidos que se producían a su alrededor.

Eva descubrió que esta práctica le ayudaba a experimentar su propia transparencia y también la de su entorno de un modo continuo. Ya no tenía que armonizar con el espacio, sino que se encontraba en él cada vez que se concentraba. Empezó a tolerar mejor las visiones y sonidos agresivos. Pudo enfrentarse a la pintura abstracta de mi consulta sin tener la sensación de girar sobre sí misma, y desafiar el ritmo acelerado de la música del gimnasio sin el agotamiento que sentía antes.

Sin embargo, Eva seguía sintiéndose abrumada, o «desplazada», por las vibraciones de otras personas. Al principio se había sentado en el sofá donde se sientan todos mis pacientes, pero si una persona especialmente angustiada había estado antes que ella en la consulta, Eva se negaba a sentarse en el mismo lugar porque la perturbaban sus vibraciones. Aunque a menudo se sentía sola, y había empezado a considerar la posibilidad de buscar un amante, los eventos sociales le producían pavor. Los grupos de personas seguían haciendo que se sintiera «confundida».

De modo que pusimos en práctica otro ejercicio para ayudarla a volverse más estable en la dimensión espiritual, para que pudiera dejar pasar incluso las vibraciones humanas a través del espacio transparente de su ser.

Lanzar el guisante

Sentada bastante cerca de ella, le pedí que sintiera cómo el espacio que impregnaba su cuerpo también impregnaba el mío. A estas alturas, era algo que podía hacer con bastante facilidad, mientras permanecía en su propio cuerpo y se asentaba en el espacio que nos impregnaba a ambas.

—Tengo una pelotita roja imaginaria –le dije–, del tamaño aproximado de un guisante, y voy a lanzarla a través del espacio sobre tu hombro derecho. Quiero que dejes pasar la pelotita a través de ese espacio.

Eva se rio al oír mis instrucciones. Dado que no había nada sobre su hombro ni tampoco había ninguna pelotita roja, no le pareció demasiado difícil. Sin embargo, cuando fingí que lanzaba la pelotita, Eva se sorprendió al descubrir que detenía su trayectoria cuando ésta se encontraba a medio camino de su hombro.

Aunque no había ninguna pelotita roja, su trayectoria no era del todo imaginaria. El gesto de mi lanzamiento –un movimiento de la muñeca y la mano– envió una corriente energética por el espacio. La imagen que tenía Eva de la pelotita hizo que la corriente se hiciera más intensa. La corriente energética que salía de mi mano chocó con sutiles patrones de contención en el espacio de la consciencia de Eva. Estos patrones de contención no están sólo en el interior del cuerpo, sino que también afectan al espacio que lo rodea. Su prolongada historia de autodefensa y protección respecto a su entorno había creado densidades estáticas en el espacio alrededor de su cabeza. Eva pudo percibir cómo estas densidades detenían la corriente energética que salía de mi mano. Con un poco de concentración, fue capaz de deshacerse de ellas y, al segundo intento, la pelotita imaginaria atravesó el espacio sin problemas.

A continuación, procedí a lanzar la pelotita imaginaria a través del espacio que quedaba sobre su hombro izquierdo, y después, también a través de los hombros propiamente dichos. Lo que perseguía con esto era que pudiera experimentar cómo incluso las vibraciones de su entorno se mueven a través de la transparencia del cuerpo sin quedar «atrapadas» en él ni transformar el espacio interior del cuerpo de ningún modo.

Entonces me senté a su lado en el sofá. Aunque al principio se sorprendió un poco, logró mantenerse dentro de su cuerpo y abrirse al espacio que nos impregnaba a ambas.

—Ahora voy a fingir que estoy llorando –le dije–. Quiero que dejes que el sonido de mi llanto atraviese el espacio, tal y como has hecho con la pelotita.

Cuando empecé a llorar, sentí cómo ella dejaba de estar en armonía con la consciencia fundamental, de modo que dejamos de ocupar el mismo espacio unificado. Cuando le comenté lo que había ocurrido, Eva pudo experimentar el movimiento protector que había utilizado. Lo intentamos de nuevo y descubrió que podía permanecer abierta mientras permitía que el sonido de mi llanto atravesara el espacio.

El patrón de Eva había consistido en protegerse de las vibraciones de otras personas, creando una sensación de aislamiento del mundo que la rodeaba. No todas las personas sensibles se protegen de este modo; otras se dejan llevar por la sensación permanente de agobio y disolución con los demás. En varias ocasiones, al enseñar este ejercicio, el paciente empezaba a llorar en cuanto oía el sonido de mi llanto. Hace poco, una joven se puso a llorar cuando le anuncié lo que iba a hacer, incluso antes de haber emitido sonido alguno. Esta sensibilidad emocional extrema es otro tipo de receptividad espiritual que también puede producir determinados problemas y patrones de autoprotección. En el capítulo 6 ahondaremos en esta cuestión.

Durante las siguientes semanas, Eva puso en práctica esta nueva habilidad con otras personas, tanto en entornos sociales como en el trabajo. Poco tiempo después, descubrió que podía dejar que las vibraciones de los demás pasaran a través de su conexión con la consciencia fundamental, y que podía hacerlo en cualquier situación. Gracias a esto, ya no tenía que protegerse de los encuentros potencialmente abrumadores.

También descubrió que era más receptiva emocionalmente a los demás porque ya no se aislaba a sí misma de las experiencias.

—Me gusta la gente –me dijo con cierta sorpresa. Ahora era capaz de sentir una calidez permanente en el corazón, y un tipo de amor nuevo para ella. Me comentó que este amor se estaba empezando a acumular en relación con determinadas personas, aunque también para la humanidad en su conjunto, un amor que era «distante y cercano al mismo tiempo»–. Es increíble –añadió–. ¡La gente está hecha del mismo material que los árboles!

* * *

La sensibilidad sensorial, como hemos visto, es un don que puede ayudarnos a despertar a nuestra esencia espiritual. Al convertirnos en personas más sensibles, descubriremos una dimensión sutil y unificada de nosotros mismos mediante la cual podremos recibir estímulos sin que éstos nos agobien.

Podremos disfrutar de un mundo de visiones, sonidos, fragancias, gustos y texturas vívidas y sutiles. Incluso percibir un mundo interior más allá o bajo la superficie de la vida, el movimiento de los pensamientos y sentimientos en el cuerpo de los demás y las sutiles y coloristas vibraciones que emanan de todas las formas naturales. Conocer a alguien con este don es como recibir una invitación a un mundo sensorial extremadamente fértil, e incluso conseguir que tus propios sentidos se abran para recibir tú mismo ese don.

EJERCICIO 9 • **Lanzar el guisante**

Para este ejercicio se necesitan dos personas. Sentaos erguidos, uno frente al otro, a unos treinta centímetros de distancia y con los ojos abiertos.

Siente que estás en el interior de todo tu cuerpo al mismo tiempo. Encuentra el espacio más allá de tu cuerpo. Siente que el espacio dentro y fuera de tu cuerpo es un único espacio continuo. Experimenta cómo el espacio que impregna tu cuerpo también impregna el cuerpo de tu compañero. No abandones tu cuerpo en ningún momento mientras armonizas con dicho espacio omnipresente.

Ahora el individuo A lanza una pelotita roja imaginaria, del tamaño aproximado de un guisante, hacia el espacio situado sobre el hombro derecho del individuo B. Debe ser un lanzamiento suave pero con la suficiente fuerza como para que la pelota atraviese el espacio. El individuo B permite que la pelota pase a través del espacio, sin detenerla ni haciendo ademán de cogerla. Es posible que esto requiera un poco de práctica. Repetidlo dos o tres veces, y, seguidamente, el individuo A deberá lanzar la pelota sobre el hombro izquierdo del individuo B.

Ahora el individuo A lanza suavemente la pelotita imaginaria a través del hombro derecho del individuo B. El individuo B permite que la pelota atraviese el espacio de su hombro derecho. Incluso el cuerpo está hecho de espacio vacío, de modo que la pelotita puede atravesarlo sin obstrucciones. Repetid el ejercicio con el individuo A lanzando la pelota a través del hombro izquierdo del individuo B.

Ahora el individuo A se sitúa de pie al lado del individuo B y emite un sonido triste o enojado. El individuo B permite que el sonido atraviese el espacio sin bloquearlo ni haciendo ademán de agarrarse a él.

Cambiad los roles para que el individuo B sea quien lance la pelotita y el individuo A el que permite que atraviese el espacio.

Este ejercicio también se puede practicar sin un compañero. Puedes usar el sonido para ayudarte a cultivar y estabilizar tu receptividad a la esencia espiritual. Empieza practicando con un sonido agradable, por ejemplo, con música. Descubre si puedes permitir que el sonido pase a través de tu cuerpo y de tu consciencia sutil sin sentirte impresionado o perturbado. Cuando lo consigas, inténtalo con sonidos más agresivos, como el del tráfico.

Al caminar por la calle, o en un entorno lleno de gente como un supermercado, pon en práctica el ejercicio y permite que todos los sonidos, imágenes y olores, así como las vibraciones de las otras personas, atraviesen el espacio transparente que impregna tanto tu cuerpo como tu entorno. Recuerda que tu naturaleza básica no puede ser alterada de ninguna manera por los estímulos ambientales.

Capítulo 5

Asentarse: el reto de tener los pies en el suelo

DAVID LLEVABA EL PELO RUBIO hasta los hombros y tenía una sonrisa beatífica que no disimulaba la tristeza de sus ojos. Mientras me sonreía como ofreciéndome una distante bendición, tuve la impresión de estar delante de un niño pequeño que me miraba con ojos de anhelo y desesperación. David había acudido a mí porque se sentía en una encrucijada en su vida y era incapaz de decidir qué dirección tomar. Se sentía aburrido e intimidado por la necesidad de ganarse la vida y encontrar un lugar confortable para vivir. Quería llegar lejos, dedicarse por completo a la vida espiritual, pero se sentía invadido por numerosos conflictos. Tenía la sensación de que debía terminar algo, y eso le mantenía atado a la realidad cotidiana.

Mientras él me hacía participe de su dilema, reparé en la intensa luz sobre su cabeza. David resplandecía desde la frente hacia arriba. Sin embargo, la parte inferior de su cuerpo, especialmente la pelvis, parecía tensa y sin vida. Percibí la incomodidad provocada por ese desequilibrio. Carecía de cimientos, de algo que sostuviera la brillante amplitud en la parte superior de su ser.

Sentí un gran respeto por él, no sólo por la luz que emanaba de la parte superior de su cabeza, sino también porque, a pesar de aquella luz, David sabía que algo no terminaba de funcionar. Sabía que necesitaba sanar. Aun así, tenía muchas dificultades para hacerlo. Mientras hablaba, comprendí que David sentía la necesidad de convencerme de que no tenía interés por el mundo, que no necesitaba una profesión, ni amigos, ni una relación íntima. Consideraba que esas cosas eran distracciones que mantenían a las personas alejadas de la verdad. A veces se dirigía a mí como si yo fuera su aliado, alguien que podía validar su dedicación a la senda de la espiritualidad. Otras veces, me veía como un enemigo, el típico pesado que condenaba sus decisiones vitales al considerarlas extrañas o enfermizas.

Sin embargo, yo no tenía ninguna opinión respecto a sus decisiones vitales. No creo que sea más saludable tener un trabajo y una familia que vivir como un ermitaño en un bosque o en un *áshram* en India. Sólo me preocupaba el nivel de receptividad de su ser, las numerosas contradicciones y conflictos que habitaban en su interior, especialmente la profunda fragmentación entre su cuerpo superior e inferior. Quería ayudar a David a abrirse en todo su cuerpo, no porque creyera que debía tener relaciones sexuales o un trabajo normal, sino porque creía que su progresión espiritual dependía de ello. David debía encontrar su ser completo para poder descubrir toda su luz.

Historia personal y trascendencia espiritual

Las personas espiritualmente dotadas suelen tener una fuerte voluntad. Pero también son extremadamente impresionables o maleables, como si estuvieran hechos de un material más poroso que el resto de la gente. Esta combinación significa que pueden constreñirse con profundidad y con gran fuerza. Por este motivo, a menudo son muy abiertos en algunos aspectos y muy cerrados en otros. La gama que va de la madurez a la inmadurez es muy amplia. Esto era especialmente cierto en el caso de David, quien estaba extremadamente abierto en la cabeza pero completamente cerrado en la pelvis.

Después de varias sesiones con él, empecé a preguntarle por su infancia, por la relación con sus padres. Como respuesta, me ofreció un perfil psicológico de ambos bien ponderado. Su madre había sido una pintora de gran talento, pero había renunciado al arte para criar a sus tres hijos. Había recibido una educación que valoraba la vida familiar por encima de todo lo demás y se había dedicado por completo al cuidado del hogar, pero a menudo parecía agotada y algo frágil, como si la vida la superara. A veces, me contó David, parecía perdida o desorientada, como si no supiera cómo había terminado en aquella situación.

Su padre también se había sacrificado por el bien de la familia. Trabajaba vendiendo seguros, y se pasaba el día visitando a los clientes en sus propias casas. Cuando estaba en la suya, sólo quería que le dejasen en paz; estaba cansado de la gente. Se sentaba en su silla favorita en la sala de estar, bebiendo whisky y con la mirada perdida. La madre advertía a sus hijos que le dejaran en paz, que se quedaran en el piso de arriba y que permanecieran en silencio; a menudo les decía lo mucho que les quería su padre, pero que necesitaba «tranquilizarse». Cuando David cumplió diez años, se dio cuenta de que la madre intentaba convencerse a sí misma, que ella también temía molestar al hombre sentado en el piso de abajo.

Como en el resto de las conversaciones que mantuve con él, David expresó estas ideas con escasa emoción. Aunque sus palabras eran compasivas, su tono no lo era. Cuando le señalé este hecho, volví a convertirme en el enemigo, en la ignorante espiritual: ¿no comprendía que aquello sólo era una historia, que no tenía nada que ver con su auténtica identidad?

Compartí con David la idea según la cual conocer nuestra historia personal puede ayudarnos a entender el modo en que nos hemos organizado a nosotros mismos, y también cómo nos hemos limitado, para poder lidiar con el mundo que nos rodea. Además, para recordarnos a nosotros mismos a lo largo de las diversas etapas de la vida, es muy útil conectar con el valor y la inteligencia con los que navegamos en nuestro entorno infantil y en los retos de la edad adulta. Al conocernos a nosotros mismos íntimamente y con precisión, podemos empezar a vernos con compasión y respeto.

Durante las siguientes semanas volví a dirigir la conversación hacia el escenario que me había descrito: la agotada pero amenazante presencia de su padre en la sala de estar; la tímida y solitaria madre en el piso de arriba, con los niños. Quería saber si David se había portado mal alguna vez. ¿Qué ocurría cuando no estaba lo suficientemente callado o si no le daba a su padre el espacio que necesitaba?

Como si tuviera que recordar una parte de sí mismo largo tiempo olvidada, David dijo con una indiferencia algo forzada:

—Me pegaba. Pero no lo hacía a menudo, sólo cuando estaba muy borracho.

—¿Con el cinturón? –le pregunté.

—Sí, claro, con el cinturón. Pero no me dolía.

Al decir esto, aumentó la tensión en su pelvis, intensificando el desequilibrio en la parte superior de su cuerpo. Por un instante, vi con toda claridad al niño que había sido.

—¿Dónde te golpeaba? –insistí.

—Sólo en el culo –dijo él–. No sentía nada, en serio.

David había endurecido hasta tal extremo la pelvis que no sentía ningún dolor cuando le golpeaban con el cinturón. Además, había bloqueado la humillación y el dolor que le producían aquellos encuentros con su padre. Al pasar a vivir sobre todo en la parte superior de la cabeza, se había situado literalmente por encima de aquella situación tan sórdida y terrible.

Al insensibilizarse ante el impacto físico del cinturón de su padre, y ante su ira y su falta de preocupación por él, también se había insensibilizado ante la posibilidad de que otra persona reprodujera aquellas mismas actitudes. De un modo inconsciente, había bloqueado cualquier relación humana que pudiera reproducir la dolorosa brecha que le separaba de su padre.

En la edad adulta, se había convencido a sí mismo de que, sencillamente, él no tenía cabida en el terreno de las sensaciones físicas y la emoción en el que las otras personas parecían desenvolverse con comodidad. David se había negado a sí mismo la capacidad de compartir con el mundo todo el amor que sentía, salvo de un modo abstracto, como el amor incondicional por la humanidad en su conjunto. Desde la elevada posición por encima de su cabeza, David impartía una benevolencia amplificada que no podía ser objeto de traición. Sin embargo, el pequeño niño triste todavía miraba a través de sus ojos. La pérdida del amor de su padre seguía presente en su cuerpo.

—¡Quiero flotar! –me dijo.

—Siempre podrás flotar –le dije–. Pero ahora mismo sólo flotas con una pequeña parte de ti mismo, con la parte superior de tu cabeza. Si habitaras todo tu cuerpo, podrías flotar con todo tu ser.

David decidió que iba a probar mi método. Fue un reflejo tanto de su devoción por la senda espiritual, le llevara ésta donde le llevara, como de la desesperación que sentía por librarse de todo aquello que lo retenía. En las siguientes semanas practicamos el primer ejercicio del Proceso de Reconocimiento, el ejercicio que consiste en habitar el propio cuerpo. Aunque le resultó extremadamente difícil, David recurrió a su gran fuerza de voluntad para perseverar. Su cuerpo experimentó terribles sensaciones. Cuando intentó habitar su pelvis, me dijo que se sentía como si «unas pinzas gigantes lo estuvieran atenazando».

Un día, al practicar el ejercicio una vez más, David tuvo una revelación. De repente, se dio cuenta de que no le estaba agarrando nadie, sino que era él mismo quien lo hacía. Y no eran unas pinzas. Era un niño pequeño que se estaba bloqueando a sí mismo con todas sus fuerza. Percibió la resistencia y la desesperación en la mente del niño, así como la determinación en la potencia de sus músculos. Por fin era capaz de comprimir la pelvis y relajarla de forma voluntaria. Cada vez que lo hacía, ésta se abría y se aflojaba un poco más. Al final, pudo sentir los golpes del cinturón de su padre en su propia carne, y lloró desconsoladamente. La consulta se llenó con su dolor.

En la siguiente sesión, David me contó que le daba miedo caminar por la calle. Siempre había tenido aquel miedo, pero hasta el momento había logrado ignorarlo desconectándose de las otras personas y de su propia respuesta hacia ellas. Ahora era más consciente que nunca de que las otras personas con las que se encontraba eran, en cierto modo, más fuertes o más sustanciales que él. No era un miedo a ser atacado físicamente, pues sabía que no era probable que eso ocurriera, sino más bien de ser subyugado por su vitalidad.

Ejercicio de arraigo

Pese a que David tenía mucha vitalidad en su cuerpo, el desplazamiento superior en el modo de habitar su propio cuerpo le hacía sentir débil, un «pusilánime». Trabajé con él para ayudarle a que se sintiera más arraigado.

Le pedí que se pusiera de pie y que sintiera que estaba en el interior de sus pies, que los habitara. Los pies son unos cimientos muy efectivos si los habitamos completamente, desde los dedos hasta los talones.

Entonces le indiqué que notara que no había ninguna separación entre él y el suelo. Aunque no tuvo dificultades para sentirlo, cada vez que inspiraba, se elevaba desde los pies y volvía a habitar sólo la parte superior del cuerpo. Le pedí que dejara que su respiración se ajustara al hecho de que ahora estaba habitando los pies. Debía encontrar otro modo de respirar, una forma que incluyera a todo el cuerpo, para así poder permanecer dentro de sus pies mientras lo hacía.

Continué con el ejercicio pidiéndole que habitara sus tobillos y sintiera la continuidad interna entre éstos y los pies.

Entonces le pedí que sintiera que habitaba las piernas y luego la pelvis, y que sintiera que estaba de pie *en* sus piernas, en lugar de sobre ellas.

A David no le gustó la sensación de habitar la parte inferior de su cuerpo. Me dijo que sentía un gran peso que lo retenía al suelo.

—¿Puedo caminar así? –me preguntó.

—Inténtalo –le sugerí.

David dio unos pasos lentos y vacilantes por la consulta. Cuando se detuvo, parecía sorprendido.

—La verdad es que me siento más fuerte –dijo.

Algunos expertos aseguran que el ser humano sufre por haber hecho el cambio evolutivo de caminar a cuatro patas a hacerlo erguido sobre los pies. Estos expertos sugieren que, hasta cierto punto, estar de pie no es nuestra posición «natural». Yo no estoy de acuerdo con esta interpretación; no habríamos hecho la transición a caminar erguidos si no hubiéramos estado preparados para hacerla. Como he explicado en el capítulo 1, cuando estamos de pie, recibimos una corriente ascendente de energía procedente del suelo y que circula a través de nuestro cuerpo. Esta energía refuerza al cuerpo internamente, haciéndolo más fuerte y facilitando el hecho de estar de pie. No obstante, esto sólo ocurre si habitamos el cuerpo, pues éste está abierto para recibir la energía ascendente.

Le pedí a David que encontrara los centros en la parte inferior de los talones y que equilibrara su percepción de estos dos puntos. Luego le pedí que encontrara el punto situado justo antes del antepié (el metatarso) y que equilibrara su percepción de estos dos puntos. Entonces le pedí que abriera los cuatro puntos para recibir la corriente ascendente de energía procedente del suelo y que la recibiera en los tobillos.

Le pedí que encontrara el espacio interior de sus caderas y que equilibrara su percepción de estos dos puntos. Le alenté a que recibiera la corriente energética ascendente en las caderas. A medida que progresaba el ejercicio, le pedí que recibiera la corriente ascendente en el centro del pecho y los hombros (desde donde fluye hacia los brazos) y, después, en el centro de la cabeza. Finalmente, le pedí que la sintiera circular por el centro de la parte superior de la cabeza mientras seguía conectado al origen de la corriente, bajo sus pies. Para poder recibir esta corriente energética ascendente, todo el espacio interior de nuestro cuerpo debe estar asentado en la dirección del suelo. Para que la energía circule a través de nosotros, incluso la parte superior de la cabeza debe estar perfectamente asentada.

Con un poco de práctica, este flujo energético procedente del suelo mitigó la pesadez que David sentía al intentar habitar los pies y las piernas. Empezó a sentirse vivo en todo su ser.

La cualidad del poder y el género

Al habitar nuestro cuerpo, también podemos sentir las diversas cualidades de nuestro ser que emanan de sus distintas partes. En consecuencia, si armonizamos con las diversas cualidades de nuestro ser, nos resultará más fácil habitar las partes correspondientes de nuestro cuerpo. A veces evitamos determinadas partes del cuerpo para no experimentar la cualidad que emana de ellas.

Trabajé con David para que armonizara con la cualidad de su poder en el abdomen y con la cualidad de su género en la pelvis. David se mostró receloso cuando le pedí que sintiera la cualidad de su poder. Tenía miedo de que ese poder le llevara a mostrarse violento con su padre. De modo que, para empezar, le pedí que habitara su pecho y que armonizara con la cualidad del amor que había en su interior. David se sintió aliviado y reconfortado al sentir que había amor en su pecho. No era un amor por nadie en particular, sino que era parte de su propio ser, un sentimiento que siempre formaría parte de su naturaleza básica, incluso cuando estuviera solo. También era una disposición a amar a los demás, el potencial para responder desde lo más profundo del pecho.

Entonces le pedí que habitase simultáneamente el espacio interno de su abdomen y de su pecho. Nuestro cuerpo puede dar cabida tanto al amor como al poder. Sentir ambas cualidades al mismo tiempo enriquece cada una de ellas. Seguro ante la presencia de su amor, David fue capaz de armonizar con el poder en su abdomen y permitir que éste reforzara el amor en su pecho. Cuando David sintió esta integración por primera vez, se puso a llorar. De repente, sintió compasión por su padre por no haber podido sentir lo mismo.

—Le habría gustado –me dijo–. Sé que le habría gustado sentir esto.

Estar con otras personas

Cuando David empezó a habitar su cuerpo, tuvo que enfrentarse al miedo y la desconfianza que sentía hacia la gente. El desplazamiento superior en su cuerpo significaba que siempre había vivido un poco por encima de los demás. No es que se sintiera superior a nadie; simplemente vivía en un mundo distinto en el que no necesitaba preocuparse por ellos.

Aceptaba la sensación de aislamiento que le producía como algo necesario para poder concentrarse en su vida espiritual. Durante una fase de su práctica espiritual, el aislamiento le había resultado muy útil. Pero como dicho aislamiento estaba provocado por el mantenimiento de determinados patrones en su cuerpo, para dejarse llevar primero debía deshacerse de la reclusión protectora.

Dado que nuestra dimensión espiritual impregna todo nuestro cuerpo, la madurez espiritual no consiste en elevarnos por encima de nuestra humanidad, sino más bien en culminarla. No es algo distinto de la esfera humana ordinaria, sino la armonía más sutil con dicha esfera. La dimensión espiritual está justo ahí, ahora, impregnándolo todo. Cuando nos liberamos del control que ejercemos sobre nosotros mismos, nos asentamos en una tierra luminosa y transparente.

Un día, mientras guiaba a David a través del primer ejercicio del Proceso de Reconocimiento, me di cuenta de que su cuerpo estaba cada vez más integrado pero que aún había una fragmentación entre sus ojos y todo lo que había por debajo de ellos. Cuando llegamos a la parte del ejercicio en la que debía habitar sus ojos, le pedí que los ablandara para que pudiera sentir la continuidad con el resto de su rostro. Aunque había oído aquella instrucción en repetidas ocasiones, esta vez fue capaz de dejar de ejercer control sobre sus ojos; al hacerlo, todo su cuerpo se unificó de un modo aún más profundo y pleno. No obstante, cuando abrió los ojos y me miró, la fragmentación reapareció. Le pregunté si podía sentir con los ojos abiertos la misma continuidad entre sus ojos y el resto de la cara. Cuando lo intentó, se produjo por primera vez una resonancia de amor entre su cuerpo y el mío. Estábamos en el mismo espacio. Al hacerse presente más plenamente en su cuerpo, el contacto se hizo más natural, así como el flujo energético espontáneo entre él y los demás.

David me había dicho a menudo que quería ir «más allá del ego». La palabra «ego» tiene muchos significados, pero el ego protector nos protege principalmente de las otras personas, de repetir las heridas y las humillaciones sufridas en anteriores relaciones. Cuando nos desprendemos del ego, nos abrimos a los demás.

Para las personas altamente sensibles, el principal obstáculo para abrirse a los demás es el miedo a terminar abrumado o aplastado por ellos. Si permanecemos en el interior de nuestro propio cuerpo, seremos capaces de recibirlos y sentirnos conmovidos por ellos sin perder la quietud fundamental y la presencia de nuestra auténtica identidad. Podremos hacernos presentes y ser receptivos al mismo tiempo.

Cuando David pudo hacerse presente en su propio cuerpo y mostrarse abierto a los demás sin demasiado esfuerzo, dejó de sentirse amenazado o dominado por las otras personas. Me comentó que por fin podía sentirse conectado a los demás sin la necesidad de ser como ellos.

Para David, el beneficio más importante del hecho de habitar todo su cuerpo fue el modo en que se transformó su experiencia espiritual. Al habitar el cuerpo, pudo adentrarse en una dimensión sutil de sí mismo que desconocía hasta entonces. Al describir la experiencia, me dijo que era como si todo su cuerpo estuviera hecho de luz, la misma luz que podía sentir sobre su cabeza. Ahora también era capaz de sentir o incluso ver dicha luz en los demás. Me contó que había leído sobre ello durante años pero que siempre había pensado que era algo imposible de conseguir: el hecho de que todo el mundo, incluso todas las cosas, estén hechas del mismo espíritu, de la misma luz espiritual.

El fortalecimiento del núcleo interior

En la sección anterior, hemos visto uno de los problemas habituales, en especial entre las personas espiritualmente receptivas, derivados del hecho de vivir más en la parte superior del cuerpo que en la inferior. Existe otro tipo de desarraigo que no consiste en un desplazamiento ascendente. Se trata del patrón de difusión o «imprecisión». Las personas difusas tienen dificultades para centrarse en sí mismas. Se perciben como una realidad vaga y desenfocada, como si se encontraran dispersas en el espacio que las rodea.

Laura acudió a mi consulta porque, a los cuarenta años, tenía la sensación de que aún no era la persona que quería ser, ni en el ámbito profesional ni el personal. Era poeta, había publicado varios poemas en revistas importantes y ahora estaba trabajando, no sin algunas dificultades, en su primera novela. Laura me dijo que, aunque siempre terminaba sus poemas en dos o tres semanas, estaba teniendo muchos problemas para concentrarse en un proyecto de mayor envergadura como era una novela.

Laura tenía una naturaleza frágil y etérea. Me di cuenta de que yo tenía sentimientos maternales hacia ella, como si estuviera respondiendo a una necesidad de sustento. Sin embargo, cuando nos sentamos juntas, sentí que no terminábamos de conectar. Aunque Laura sonreía mucho y era una mujer educada y amable, percibí una carencia entre nosotras. Durante nuestras conversaciones, ella parecía hablar más consigo misma que conmigo. Sentí su energía como una gran nube alrededor de su cabeza, mientras que, por extraño que parezca, el interior de su cuerpo estaba en blanco, vacío. Esto hacía que su naturaleza fuese difusa, diluida, como si no estuviera del todo presente en la habitación.

Laura era muy consciente de sus dificultades para entrar en contacto con los demás. Sus torpes tentativas de relacionarse con otras personas hacían que se sintiera inepta y avergonzada. Aunque no tuvo ningún problema para hablarme de su infancia, llevaba años visitando a otros terapeutas y nunca había encontrado la clave para aliviar su malestar. En el transcurso de varias semanas, Laura me habló de su familia, una familia numerosa y relativamente armoniosa. Laura tenía siete hermanos, tres mayores y tres más jóvenes que ella. Pese a sentirse querida por todos los miembros de su familia, lo cierto es que también se sentía un poco ignorada. Recordaba haber pasado mucho tiempo «en su propio mundo», soñando despierta. Había descubierto que podía filtrar el bullicio y el ruido de su familia y entregarse al ensimismamiento. Aunque recordaba que sus compañeros de clase solían meterse con ella, había silenciado la presencia de los otros niños en su memoria, como si sus voces no pudieran alcanzarla del todo.

Actualmente seguía sintiéndose inalcanzable, pero también se sentía atrapada en aquel estado. Laura sabía que seguía amortiguando el mundo que la rodeaba como había hecho en su infancia, pero no sabía cómo cambiar. Describió la sensación como «estar expandida en la atmósfera». También asociaba esta sensación difusa con su escritura, con la capacidad de dejarse llevar por su imaginación y recibir las palabras e imágenes que se convertían en poemas. Si David tenía miedo de perder su receptividad espiritual si descendía a su cuerpo, Laura tenía miedo de perder su creatividad si renunciaba a su naturaleza difusa.

Laura entendió que de niña se había aislado del ambiente frenético de su casa para poder oír sus propios pensamientos. Había tenido que crear una isla dentro de aquel ambiente para que su fértil imaginación no se viera importunada por el bullicio que la rodeaba. Laura aprendió a ser obediente y amable para que nadie se diera cuenta de que no estaba presente.

Laura también sentía que, como la hermana mediana, había sido excluida de las alianzas familiares. Sus hermanos menores formaron una unidad, y los mayores, otra, de modo que ella se había quedado sin ninguna conexión íntima. También se había sentido desconectada de sus padres, quienes parecían disponer del tiempo justo para atender únicamente las necesidades básicas para mantener a la familia alimentada, limpia y arropada.

Pero había algo más que eso. Laura también se sentía distinta al resto de su familia, como si estuvieran «hechos de otro material». Cuando intentaba compartir sus pensamientos durante la cena o alguna fiesta familiar, recibía miradas vacías, aunque ni siquiera hubiera abierto la boca. La sensación de soledad se agudizaba por el tamaño de la familia. Laura llegó a la conclusión de que debía de ser una persona muy extraña para provocar una reacción de incomprensión tan generalizada. La única compañía realmente satisfactoria era la suya propia.

Ahora, incluso el hecho de estar presente en la consulta durante las sesiones de una hora, evocaba en ella el temor a perder la conexión consigo misma o mostrarse inadvertidamente tal cual era y recibir miradas de incomprensión. Cuando me confesó esto, Laura se dio cuenta de que lo que en realidad la aterrorizaba era que yo no la comprendiera. Para ella era como si la estuviera destruyendo.

Al explorar más en profundidad este miedo, quedó claro que sus temores a la interacción social también afectaban a su trabajo creativo. Al principio, Laura había achacado las dificultades para trabajar en su novela a una falta de concentración, algo que la sorprendía, ya que sus poemas, aunque lograba terminarlos en menos tiempo, también requerían horas de trabajo frente al ordenador. Mientras me contaba todo esto, Laura se dio cuenta de que el problema no era la concentración, sino la posibilidad de que el libro fuese leído por muchas personas. Al contrario que sus poemas, que desaparecían en oscuras revistas, imaginaba su libro expuesto notoriamente en las estanterías de las librerías, tal vez incluso reseñada por alguna revista importante o leída por un amplio público. Pese a saber que era un pensamiento irracional, se sentía aterrorizada ante la posibilidad de que los lectores invadieran su isla mental y perturbaran su paz. Para poder escribir su novela, primero debía resolver el miedo a entrar en contacto y ser vista por otras personas, así como el temor a las distintas respuestas que podía recibir de ellas.

Laura había decidido trabajar conmigo porque sabía que yo tenía otras formas de abordar los problemas psicológicos más allá de conversar. Sin embargo, se mostró reacia a aprender los ejercicios del Proceso de Reconocimiento. Cualquier cosa que pareciera «espiritual» la asustaba. Había probado la meditación sólo una vez, pero había tenido la aterradora sensación de que desaparecía en cuanto cerraba los ojos.

—En realidad, no sé adónde me fui –me dijo–. Pero lo que sí sé es que no quiero volver allí.

Las personas que poseen mucha energía, como Laura, a veces son capaces de «volar en trance» durante la meditación. Con trance me refiero a que pueden cabalgar la energía hacia arriba o hacia fuera, alejarse de su cuerpo y dejar vacío el espacio interior. Esta experiencia, especialmente si es inesperada e inexplicable, puede resultar inquietante para la persona que medita. Algunas sectas religiosas practican los estados de trance, en los cuales la persona intenta quedarse vacía para, por ejemplo, recibir espíritus o mensajes del mundo espiritual. Esta experiencia es muy distinta a la del despertar a nuestra esencia espiritual unificada y ubicua. En el Proceso de Reconocimiento no «viajamos» a ninguna parte; más bien, nos hacemos presentes en este mundo de un modo más consciente y sutil. Nos sentimos más presentes y encarnados al tiempo que percibimos que estamos hechos de espacio vacío.

El núcleo sutil de nuestro cuerpo

Empecé enseñándole a Laura el ejercicio del Proceso de Reconocimiento que sirve para acceder y respirar desde el núcleo sutil del cuerpo. Como he explicado en el capítulo 2, este canal interno es la puerta de entrada al espacio ubicuo de la consciencia fundamental. También es la forma de establecer un contacto más profundo con nuestro ser individual y tener una mayor perspectiva de nuestro entorno, de modo que nos proporciona tanto distancia como unidad respecto a él. Esto significa que no tenemos que elegir entre la conexión con nosotros mismos o la conexión con otras personas. Para Laura, ser capaz de vivir en su propio núcleo interno significaba que ya no tendría que silenciar el mundo para proteger la conexión con sus propios pensamientos y creatividad.

Empecé por pedirle que cerrara los ojos y encontrara el centro de su cabeza. Dicho punto se encuentra en el centro del espacio interno de la cabeza. No está en la frente ni en la parte superior de la cabeza, sino en la parte más profunda de ésta, entre las orejas. Como le ocurre a mucha gente, al principio Laura encontró un punto situado por encima del centro de su cabeza. Le pedí que bajara un poco desde el interior de su cabeza hasta que sintiera una resonancia automática, o vibración sutil, recorriendo su núcleo interior simplemente haciéndose presente en el centro de la cabeza. Tuvo muchas dificultades para lograrlo. Me dijo que sólo sentía «algo borroso» en el centro de su cabeza.

Le enseñé un ejercicio para que pudiera acceder más fácilmente al espacio interno de su cabeza. Le pedí que trazara dos líneas imaginarias, una desde cada una de las orejas, que se unían en el centro de la cabeza. Como también solía ser habitual, a Laura le resultó más fácil trazar la línea desde una oreja que desde la otra. Con un poco de práctica, fue capaz de trazar desde cada una de sus orejas dos líneas que se unían en el centro de la cabeza. Entonces le pedí que musitara a través de la línea que conectaba ambas orejas. Aunque se rio ante lo absurdo de la instrucción, hizo lo que le pedía y empezó a musitar a través de la línea imaginaria.

Laura fue capaz de encontrar el centro de su cabeza con mayor claridad.

—Ahora –continué–, empieza a respirar desde el centro de tu cabeza, como si hubiera aire dentro de ella que pudieras respirar.

Laura se sorprendió al percibir, efectivamente, algún tipo de movimiento respiratorio en el centro de su cabeza.

—Es muy sutil –dijo.

—Sí –corroboré–, al principio es un movimiento muy leve, pero con la práctica podrás sentirlo con más claridad.

Mientras respiraba desde el centro de su cabeza, también sintió una débil resonancia, o vibración, recorriendo el núcleo vertical de su cuerpo.

A continuación, intentó respirar desde un punto situado en el núcleo más interno de su pecho y de su pelvis. Volvió a sentir la misma vibración en el núcleo vertical de su cuerpo mientras respiraba desde esos dos puntos.

Laura se topó con la mayor dificultad cuando trató de encontrar el núcleo de su pecho y respirar desde él. En lugar de iniciar la respiración desde el *interior* de dicho punto, estaba llevando la respiración *hacia* ese punto. Me puse a su lado y apoyé la punta de los dedos en su espalda, justo por detrás del centro de su pecho. Le pedí que encontrara mi mano mentalmente. Cuando lo hubo hecho, le pedí que empezara a respirar desde el punto donde había encontrado mi mano y que sintiera la respiración circulando por el interior de ese punto antes incluso de sentirla en el interior de sus pulmones. Cuando Laura descubrió que podía empezar a respirar desde este lugar profundo de su pecho, empezó a sollozar.

—No sé por qué estoy llorando –me dijo–. Estoy triste, pero también me siento aliviada. Es como si hubiera estado muy lejos y, ahora, regresara finalmente.

Respirar desde el centro del pecho puede ayudarnos a liberar parte de la tristeza que hemos estado acumulando en el pecho desde la infancia. Muchas personas utilizan espontáneamente la metáfora del «regreso a casa» para expresar el contacto profundo consigo mismas que conlleva esta liberación.

Mientras Laura respiraba cómodamente desde el interior de cada uno de estos tres puntos, le pedí que encontrara los tres al mismo tiempo. Después, le pedí que abriera los ojos y que volviera a encontrar los tres centros.

—Normalmente, experimentamos el entorno desde la superficie de nuestro cuerpo –le dije–. Intenta descubrir qué se siente al experimentar la habitación desde el centro de tu ser.

—Todo parece más lejano –se sorprendió Laura al descubrir qué diferente resultaba–, pero también más claro o nítido –añadió–. Aunque es un poco solitario.

Tras decir aquello, Laura se echó a reír. Hacía poco me había contado todos los esfuerzos que había tenido que hacer para estar sola. Sus palabras reflejaban un hecho muy importante sobre los patrones de autoprotección. Creamos estos patrones congelando nuestra energía y tensando de forma crónica los músculos para levantar una barrera entre nosotros mismos y nuestro entorno, limitando así el impacto sobre nuestra vida de los acontecimientos que se producen en nuestro entorno. El patrón de difusión de Laura, por ejemplo, se mantuvo activo mediante la tensión crónica de su cabeza y pecho. Las tensiones de nuestros patrones protectores hacen que nos resulte imposible habitar completamente nuestro cuerpo. En lugar de vivir dentro de nosotros mismos, lo hacemos en la barrera defensiva que hemos creado entre nosotros y nuestro entorno, lo que limita la capacidad para conectar con los demás y también nuestra capacidad para conectar con nosotros mismos.

Paradójicamente, la barrera que debe protegernos del entorno en realidad nos mantiene enmarañados con él. Esto es así porque siempre nos defendemos en relación con el mundo exterior, por lo que la defensa siempre es un patrón energético fijo entre el yo y el otro que mantiene y conserva el recuerdo de las relaciones difíciles que hemos tenido con nuestro entorno. No importa si nos replegamos en nosotros mismos, si nos volvemos difusos, si nos aislamos o si nos alejamos del entorno, el patrón energético fijo de contención nos mantiene ligados a nuestra antigua relación con el mismo entorno del que intentamos protegernos. El patrón de difusión de Laura conservaba el recuerdo de su bulliciosa familia, incluso mientras la estaba protegiendo de ella. La aislaba y le hacía compañía al mismo tiempo.

Vivir en el núcleo sutil de su cuerpo significaba que podía deshacerse de su antigua relación con su entorno infantil. También significaba estar completamente sola consigo misma, convertir en realmente privada su vida interior de pensamientos y sentimientos. Laura se sorprendió al descubrirse llorando ante la idea de liberarse de su familia.

—¿Cómo voy a sobrevivir sin ellos? –me preguntó. Entonces comprendió que llevaba mucho tiempo esperando que su familia la aceptara–. Si me libero de ellos, nunca podré formar parte de la familia.

La maduración interior

Laura empezó a transformarse rápida y visiblemente durante las semanas siguientes. En cada nueva sesión, parecía más sustancial, más concentrada, como si cada día aprendiera a vivir en un espacio más profundo de su propio cuerpo. En lugar de su anterior naturaleza difusa y turbia, ahora daba la impresión de que había alguien viviendo en su interior.

Por primera vez en su vida, empezó a valorar los elementos que la diferenciaban de sus hermanos.

—Ellos no perciben las cosas cómo lo hago yo –me dijo–. Supongo que por eso nunca les interesaba lo que decía.

Laura siempre se había sentido «más sumisa y lenta» que el resto de su familia. Ahora comprendía que las mismas cualidades que le habían impedido seguir el ritmo de las conversaciones durante las comidas familiares también le permitían alcanzar un estado de alerta más sutil con su entorno.

Tras este reconocimiento, descubrió que podía conectar con los miembros de su familia desde su núcleo interior sin sacrificar por ello su propia forma de ser. Podía permitir que la relación con su familia se desarrollara de un modo más natural en cada uno de los encuentros con ellos. Al aceptar que su familia nunca llegaría a entenderla del todo, Laura se esforzó un poco más por cultivar amistades entre sus compañeros de trabajo.

Durante el año que trabajamos juntas, Laura cada vez se sintió más cómoda en sus relaciones sociales, pues entendió que podía mantener su privacidad interior al tiempo que conectaba con los demás. También aprendió a abandonar los eventos sociales cuando se sentía «desbordada», aceptando que, en determinadas ocasiones, seguía prefiriendo únicamente su propia compañía.

A continuación, le enseñé a Laura el ejercicio 1 del Proceso de Reconocimiento (página 44): la armonización con el espacio que impregna simultáneamente tanto nuestro cuerpo como nuestro entorno. Al principio tuvo miedo de «desaparecer en el espacio», como le había ocurrido en sus experiencias de meditación previas. Sin embargo, su capacidad para vivir en su núcleo interior le ayudó a experimentar la transparencia de la consciencia fundamental sin dejar vacío el espacio interior de su cuerpo. El espacio es también presencia y consciencia en sí mismo.

Laura también me dijo que estaba progresando con su novela. Me contó que ahora podía abrir todo el espacio para su creatividad. En lugar de recibir las palabras únicamente alrededor de la cabeza, éstas parecían brotar de la vacía presencia auditiva de todo su ser. Según ella, a menudo sentía una mezcla de fortaleza y generosidad mientras transmitía su visión del mundo, una visión personal y única, a todos aquellos que quisieran leerla.

EJERCICIO 10 • **Armonización entre núcleos en pareja**

Sentaos erguidos, uno frente al otro y con los ojos abiertos. Los dos debéis seguir las instrucciones al mismo tiempo.

Encuentra el centro de tu cabeza. Está situado entre las orejas y es el auténtico centro del espacio interior de la misma. Miraos a los ojos mientras seguís siendo conscientes del espacio entre ambos. Esta consciencia del espacio intermedio mientras os miráis a los ojos puede hacer que te sientas un poco más alejado de tu compañero. Sin embargo, ésa es la distancia adecuada. A menudo nos acercamos demasiado a los demás o nos fusionamos con ellos energéticamente a través de los ojos. También podemos usar los ojos para alejarlos de nosotros.

Vuelve a encontrar el centro de tu cabeza. Desde ahí, encuentra el centro de la cabeza de tu compañero. No abandones tu cabeza para hacerlo. Es posible que notes una resonancia entre el centro de tu cabeza y el centro de la cabeza de tu compañero.

Desde el centro de tu cabeza, encuentra el centro de tu corazón situado en el centro de tu pecho, en el núcleo profundo de tu cuerpo. Ahora miraos a los ojos sin dejar de ser conscientes del espacio que os separa. Vuelve a encontrar el centro de tu corazón. Desde ahí, encuentra el centro del corazón de tu compañero. Al hacerlo, no abandones el centro de tu propio corazón.

Vuelve a encontrar el centro de tu cabeza. Desde ahí, encuentra tu centro pélvico, situado de unos dos centímetros y medio a unos cinco centímetros por debajo del ombligo, en el centro sutil de tu cuerpo. Ahora miraos a los ojos sin dejar de ser conscientes del espacio que os separa. Vuelve a encontrar tu centro pélvico. Desde ahí, encuentra el centro pélvico de tu compañero.

Desde los tres puntos, vuelve a encontrar el centro de tu cabeza. Encuentra el centro de tu cabeza y el de tu corazón simultáneamente. Encuentra el centro de tu cabeza, el de tu corazón y el de tu pelvis al mismo tiempo. Ahora miraos a los ojos sin dejar de ser conscientes del espacio que os separa. Vuelve a encontrar los tres puntos en tu propio cuerpo. Desde estos tres puntos, encuentra los tres puntos en el cuerpo de tu compañero.

Este ejercicio se puede realizar con cualquiera de los chakras, incluidos los situados sobre la cabeza.

EJERCICIO 11 • **Presencia y receptividad**

Este ejercicio debe realizarse en pareja. Cada participante hace de receptor por turnos.

Siéntate frente a tu compañero. Siente que habitas tu propio cuerpo; estás viviendo en el espacio interior de todo tu cuerpo al mismo tiempo. Experimenta tu propia presencia en el interior de tu cuerpo. Sin abandonar tu cuerpo, recibe la presencia de tu compañero en el espacio interior de tu pecho. No atraigas a la otra persona hacia ti ni te impulses hacia ella; simplemente recibe en tu pecho las vibraciones o cualidades que emanan de tu compañero. Ahora intenta recibir a la otra persona en todo tu cuerpo.

Cuando los dos hayáis recibido al otro, podéis intentar recibir a la otra persona de forma simultánea. Permanece presente en el interior de tu propio cuerpo mientras recibes a la otra persona.

Este ejercicio también puede practicarse solo. Hazte presente en el interior de tu propio cuerpo y recibe la presencia de las personas que te vas encontrando durante el día a día.

Capítulo 6

Sentir el dolor del mundo: el reto de ser feliz

Según el budismo, un *bodhisattva* es alguien que siente el dolor del mundo. La extrema sensibilidad hacia las emociones ajenas, y el espontáneo sentimiento de compasión en respuesta a su sufrimiento, forman parte de la receptividad espiritual. Y ésta puede evolucionar hacia el amor incondicional y la compasión de la madurez espiritual.

Los niños con este tipo de receptividad aún no han desarrollado la fortaleza interior para tolerar la intensidad emocional que experimentan a su alrededor. Tampoco poseen la perspectiva para distinguir entre las emociones ajenas de las propias. Su sensibilidad emocional puede incluso dificultar su desarrollo emocional, ya que es posible que nunca encuentren la paz interior o la distancia necesaria para cultivar la resistencia emocional. Incluso en la edad adulta, reciben los embates y las heridas de las emociones que fluyen a través de su entorno.

Los niños con este don también pueden sentirse confundidos por la contradicción entre las vibraciones emocionales que emanan del cuerpo de las personas y las expresiones verbales o faciales que parecen negar dichas vibraciones. Esto puede hacer que desconfíen de sí mismos o de los demás. O que se conviertan en el confidente y/o cuidador del resto de los miembros de la familia. Su profundidad emocional y empatía les convierte en receptáculos ideales para depositar los problemas familiares.

También pueden sentir que la intensidad de sus propias emociones resulta abrumadora para sus padres. A medida que crecen, suelen creer que sus emociones son demasiado intensas para los demás. «Soy un llorica redomado» o «Tengo un carácter demasiado fuerte» son sólo algunas de las frases que utilizan para definirse. A veces intentan reprimir su vida emocional o, por el contrario, amplificar su respuesta emocional como estrategia desesperada para que los demás les escuchen.

Cuando alcanzan la edad adulta, a menudo las personas emocionalmente sensibles siguen sufriendo ante la intensa consciencia del dolor ajeno. Suelen preguntarse: «¿Cómo puedo ser feliz cuando hay tanta gente que no lo es?». Especialmente hoy en día, cuando los medios de comunicación invaden nuestros hogares con las guerras, hambrunas, inundaciones y terremotos que se producen en todo el planeta, cuando es tan sencillo conjurar la imagen de un niño hambriento o una madre llorando sobre el cuerpo de su hijo en una calle bombardeada, cualquier consideración por uno mismo puede parecer imperdonablemente mezquina y egoísta. En este sentido, reflexionar sobre los menosprecios sufridos durante nuestra remota niñez, o dedicarnos a meditar desde las profundidades de nuestro propio ser, puede parecer una pérdida de tiempo irreparable.

Sin embargo, estas almas extremadamente emocionales visitan las consultas de terapeutas. Al estar en armonía con las desgracias del mundo y ser conscientes de su incapacidad para remediarlas, para ellos la vida puede convertirse en algo intolerable. También pueden sentirse extremadamente solos. Puede resultarles difícil encontrar a alguien que tenga la misma profundidad de sentimientos que ellos, por lo que suelen sentirse insatisfechos en sus relaciones. Y si logran encontrar a alguien parecido a ellos emocionalmente, el intercambio mutuo de sentimientos no está exento de trabas. Es posible que estén tan habituados, incluso desde la infancia, a ser los proveedores del amor y los cuidados que no sepan muy bien cómo recibirlos. También es posible que sientan una dependencia aparentemente incomprensible de otras personas. Si de niños adoptaron un rol parental, es posible que anhelen recibir los cuidados asociados a una madre o a un padre. Pueden sentir la imperiosa necesidad de que les cuiden y les consuelen, incluso aunque los alejen de su lado.

Tolerar el dolor ajeno

La primera vez que Kathryn acudió a mi consulta, no podía dejar de disculparse. Se disculpó por haber llegado unos minutos tarde a la primera sesión, por sus dificultades a la hora de responder a la pregunta de por qué había decidido trabajar conmigo, por pagarme con un cheque en lugar de en efectivo pese a que yo no había expresado ninguna preferencia por este último método de pago. Hablaba a toda pastilla, con una voz suave y aguda, prácticamente sin hacer ninguna pausa para respirar. Tenía un rostro tan expresivo y pasaba tan rápidamente de una emoción a otra que me vino a la cabeza un fragmento de una canción de los Beatles: «La chica de los ojos caleidoscópicos».

Cuando la interrumpí para decirle que me alegraba de que estuviera allí, su monólogo se detuvo abruptamente. La sonreí y ella me envió un breve destello de una luz tan pura que sentí una cálida oleada en el corazón. Entonces, con idéntica rapidez, su expresión adoptó una angustia tan extrema que toda la habitación pareció transformarse y oscurecerse.

—En los últimos días he estado teniendo problemas para controlarme –me dijo casi en un susurro. Se había refugiado tan profundamente en sí misma que tuve la impresión de que no podía llegar a ella.

—Por favor –le pedí, con más urgencia de la que sabía que estaba sintiendo–, por favor, cuéntame qué te ocurre.

Kathryn inició otra serie de frases ininterrumpidas: su padre era muy mayor y vivía solo, necesitaba su ayuda pero le costaba admitirlo, de modo que ella tenía que rogarle para que la dejara visitarle, sus gatos estaban enfermos, tenía que vacunarlos y alimentarlos con un gotero a intervalos regulares, a alguien de su trabajo acababan de diagnosticarle cáncer de mama, la mujer tenía dos niños pequeños y ningún otro medio de subsistencia, de modo que ella se había ofrecido para cuidar a los niños mientras la madre acudía a tratamiento, y había una anciana en su edificio a la que visitaba casi todas las tardes para hacerle la cena y limpiar la casa, pero últimamente la mujer también necesitaba ayuda para bañarse, los hijos de la mujer apenas se preocupaban por ella y no podía permitirse pagar a un asistente profesional, y las noticias eran tan terribles, la semana pasada una familia entera había muerto quemada en su casa, ¿me había enterado? Kathryn sabía que la mayoría de la gente es capaz de filtrar los problemas, pero ella nunca había podido hacerlo.

Mientras hablaba, Kathryn retorcía y giraba su delgado cuerpo; me miraba como el grabado medieval de una persona ardiendo en el infierno. Cuando finalmente se quedó sin palabras, nos miramos la una a la otra durante un buen rato en mitad del maltrecho silencio. Su dolor era tan profundo que noté cómo se me llenaban los ojos de lágrimas.

—No deberías ocuparte tú sola de todas esas cosas –le dije.

—Lo sé, lo sé –respondió ella–. Pero mi padre, la mujer de mi trabajo, la anciana de mi edificio, mis gatos, sólo me tienen a mí. Aunque últimamente estoy tan cansada que no sé qué hacer. –De nuevo, nos miramos un buen rato en silencio. Había vislumbrado un destello de felicidad en su sonrisa; supe de inmediato que aquella vibrante calidez era su potencial, su don, siempre y cuando se permitiera a sí misma poseerlo.

Kathryn no había ido nunca a un terapeuta y no estaba acostumbrada a hablar de sí misma. Llevaba años sin pensar en su infancia. De forma muy lenta durante los primeros meses de nuestro trabajo juntas, Kathryn me describió los sucesos más importantes de la primera etapa de su vida. Su madre había muerto cuando ella tenía cinco años; los recuerdos de la enfermedad, la muerte y el funeral eran muy vívidos para ella e involucraban a todos sus sentidos. Recordaba el rostro de su madre a medida que el cáncer le consumía la vitalidad, y el olor desconocido y espantoso en la habitación del hospital. Era capaz de describir dónde se encontraban, la tarde que murió su madre, el médico y todos los miembros de su familia, si estaban de pie o sentados en la habitación, así como lo que cada uno de ellos sentía: el dolor, el miedo, la resignación y la confusión que impregnaban la atmósfera. Recordaba la necesidad de que alguien la abrazara, pero al mirar a su alrededor, vio a todo el mundo encerrado en su propia necesidad y su propio dolor, y supo que no podía acercarse a nadie en busca de consuelo.

Kathryn tenía una hermana mayor que, tras la muerte de la madre, se había refugiado en el piano, aislándose en la sala de música durante varias horas todos los días, y un hermano menor cuya ira y distanciamiento no hicieron más que aumentar a medida que se hacía mayor. Su padre también vivía al margen de la familia; cuando llegaba agotado del trabajo, se refugiaba en el dormitorio. Sólo se comunicaba con Kathryn para ponerla en ridículo, describiéndola ante sus hermanos como una niña tonta y, más tarde, a medida que Kathryn se hacía mayor y buscaba otras formas de sanarse a sí misma y a su familia, como una «excéntrica del *new age*».

Uno de los recuerdos más vívidos de su infancia era el de estar sentada sola en la mesa de la cocina, escuchando los diferentes sonidos angustiosos de la casa. Percibía la infelicidad de su hermana en el tono de las notas del piano, la pena incesante de su padre en el sonido de sus pasos en el piso superior, el dolor de su hermano en el silencio privativo que surgía de su habitación.

Ya en la edad adulta, Kathryn seguía conectando con el dolor emocional de su entorno. Lo sentía en todas partes: en el trabajo, en la tienda de comestibles, en el metro... Toda la humanidad parecía estar sufriendo. A menudo era más consciente de lo que sentían los demás que de lo que ella misma estaba sintiendo. Su capacidad de respuesta al entorno le impedía armonizar con sus propias necesidades. Normalmente, sus emociones la cogían por sorpresa, pasando a través de ella en oleadas.

Había una ventaja en todo aquello. Kathryn también podía sentirse abrumada por la alegría. Por ejemplo, cuando me contó que había visto a un ciervo junto a su cachorro, la felicidad le hizo derramar lágrimas de alegría. Aunque a menudo su sensibilidad emocional le resultaba dolorosa, también disfrutaba con la sensación de «conmoverse profundamente» por el placer. Estaba preocupada de que yo pudiera arrebatarle de algún modo aquella capacidad.

He descubierto que la mayoría de las personas sensibles valoran sus dones, incluso cuando éstos les han provocado angustia o la burla de las personas cercanas a ellos, e incluso cuando no han sido reconocidos o valorados por los demás. Kathryn sabía que debía proteger su capacidad de respuesta emocional, a pesar de que a veces hacía que su vida fuese intolerable. Le aseguré que no iba a perder ni un ápice de su profundidad emocional ni iba a volverse insensible ante el sufrimiento ajeno. Todo lo contrario: al descubrir la base espiritual más estable de su ser, sería capaz de soportar, o incluir, sus respuestas emocionales. Al reconocernos a nosotros mismos en la quietud de la consciencia fundamental, permitimos que nuestras emociones se muevan más profundamente a través de dicha quietud sin sentirnos abrumados por ellas.

El desarrollo de la tolerancia emocional

Lo primero que le enseñé a Kathryn fue el ejercicio para habitar el cuerpo. Aunque en un primer momento no tuvo dificultades para ponerlo en práctica, al cabo de unos meses me di cuenta de que no era capaz de mantenerse en armonía consigo misma. Incluso cuando practicábamos el ejercicio durante las sesiones, me daba la impresión de que lo hacía más por mí que por ella. Habitaba cada parte de su cuerpo obedientemente, y a menudo abría los ojos para comprobar mi expresión mientras la observaba. Si yo asentía para alentarla, volvía a cerrarlos y continuaba con el ejercicio.

Cada vez que le preguntaba por su experiencia durante el ejercicio, me respondía que se sentía muy feliz y en paz habitando su cuerpo. Aunque muchas personas sienten una mayor sensación de satisfacción y calma cuando habitan su propio cuerpo, también es verdad que, al principio, suelen enfrentarse a más sentimientos negativos que les dificultan el hecho de establecer un contacto consigo mismos. Por ejemplo, algunas personas consideran que hacerse completamente presentes en su propio cuerpo es peligroso porque les haría ser demasiado visibles, o que la sensación de autocontrol e individualidad derivadas del proceso de incorporación podría transgredir algún tabú familiar.

Cuando hablé de esto con ella, reconoció que, pese a sentirse bien haciendo el ejercicio conmigo, no quería intentarlo en público. Kathryn me aseguró que desconocía el motivo de su renuencia. Sin embargo, me dio la impresión de que sí lo sabía pero no se atrevía a contármelo. Le pedí que imaginara que estaba en un lugar público o en compañía de amigos y que habitara su cuerpo. No pudo hacerlo; de hecho, se puso aún más tensa. Finalmente, me miró con semblante de disculparse y me dijo:

—Sé que puede parecer una locura.

—¿Sí? –la animé a continuar.

Prácticamente doblada sobre sí misma, y con una voz tan débil que apenas podía oírla, añadió:

—Es que soy tan poderosa. No quiero que la gente me tenga miedo.

Aquel era su dilema. En cuanto se hubo sincerado conmigo, pudo contarme toda su historia. Siempre se había sentido más mayor, más sabia y, en cierto modo, más poderosa que los demás, especialmente que los miembros de su familia, pero había sentido la necesidad de mantener oculto aquel conocimiento. Ahora comprendía que había desempeñado el papel que le habían asignado como el miembro más insignificante y chiflado de la familia, al tiempo que mantenía oculto el conocimiento secreto sobre sí misma en una pequeña bola en la boca de su estómago. Al armonizar con los recuerdos de las interacciones con su padre, Kathryn sintió la pequeña liberación de la tensión que su padre había sentido cuando se burlaba de ella, y también el sacrificio a su propia autoestima que ella había hecho voluntariamente para que su padre pudiera aliviar brevemente su dolor. Si habitaba todo su cuerpo, su secreto quedaría expuesto a la luz. Perdería su lugar asignado en el esquema de las cosas y se quedaría sola, aislada. Además, ¿cómo iba a sobrevivir su familia sin aquella vía de escape para su dolor?

Para poder asumir sus dones, Kathryn debía renunciar primero al papel que había desempeñado hasta el momento en su familia. Para ella, esto significaba la aceptación de un fracaso: la incapacidad de aliviar el dolor que sentían tanto su padre como sus hermanos. También temía que su padre pudiera tener razón. Tal vez era una niña tonta y flaca, y la creencia oculta en su propio valor era sólo un delirio para sentirse mejor.

Muchos psicoterapeutas suelen interpretar la visión de Kathryn sobre su poder abrumador como una compensación por los sentimientos de vergüenza e inferioridad en el hogar paterno, e incluso la compulsión a ayudar a los demás como una forma de sentirse más importante. La mayoría estaría de acuerdo en que Kathryn necesitaba ayuda para aceptarse a sí misma como un ser humano normal y corriente.

Comparto parcialmente esta opinión. Tenía la impresión de que Kathryn se aferraba, e incluso exageraba la idea de su poder secreto, como un mecanismo protector contra los ataques que recibía por parte de su familia contra su amor propio. También era cierto que poseía una profundidad emocional y una sensibilidad fuera de lo común, y que durante su infancia ningún adulto había sido capaz de reconocerlo o estar a su altura. Me parecía que su respuesta al sufrimiento de los demás era auténtico, y que el sentido de responsabilidad que mostraba por ellos era un impulso que provenía de dicha respuesta genuina. Llegué a la conclusión de que debía ayudarla a aceptarse a sí misma no como un ser humano normal y corriente, sino como alguien que poseía un don, para que se reconociera a sí misma como un ser humano con un don y no como un superhumano o una rareza infrahumana. Si podía reconocer sus dones abiertamente, tanto ante sí misma como ante los demás, no tendría que ocultarlos, exagerarlos ni disculparse por ellos. También debía ser capaz de soportar la intensidad de sus respuestas emocionales para que éstas no abrumaran la conexión con sus propias necesidades y límites.

Sentirnos humanos

Cuando Kathryn encontró el valor para habitar su cuerpo, el miedo que sentía por su exagerado poder fue reemplazado gradualmente por la experiencia vital de la riqueza de su propio ser. Me dijo que ahora sentía que su intensidad se dirigía tanto al interior como al exterior y que, por tanto, no resultaba tan abrumadora para los demás.

—Parece delicada y poderosa al mismo tiempo –me dijo.

Un día, mientras completaba el ejercicio y habitaba la totalidad de su cuerpo de forma simultánea, reconoció:

—Creo que puedo ayudar más a los demás si estoy presente en mi interior de este modo.

—Yo también lo creo –corroboré. Vivir dentro de nuestro cuerpo significa que estamos permanentemente conectados a la fuente espontánea de nuestro amor y nuestra compasión.

Este contacto consigo misma también la ayudó a experimentar sus limitaciones, a sentir cuándo los demás necesitaban o pedían más de lo que ella podía dar. Al valorar sus dones emocionales, empezó a usarlos de forma más consciente y con más bondad hacia sí misma. Durante los siguientes meses, Kathryn descubrió que, en realidad, era bastante extrovertida, que disfrutaba de la compañía de otras personas y que, por lo general, éstas apreciaban su naturaleza apasionada. Su profundidad emocional no la separaba de los demás, como siempre había temido, sino que contribuía al placer de conectar con ellos.

Permitir que la emoción fluya a través de la quietud de la consciencia fundamental

Kathryn continuó practicando el ejercicio para habitar el cuerpo y armonizar con el espacio puro de la consciencia fundamental que impregna tanto nuestro cuerpo como todo lo que nos rodea. Poco a poco, fue capaz de distinguir el movimiento de sus emociones desde dicha quietud. A continuación, pudo sentir cómo las emociones pasaban a través de ella en forma de estados intensos pero transitorios, lo que significaba que podía dejar de sentirse abrumada por sus respuestas emocionales y seguir estando presente en el interior de su cuerpo mientras las emociones brotaban y desaparecían.

Cuando nos reconocemos en tanto consciencia fundamental, también somos capaces de distinguir claramente entre el movimiento de las emociones en el cuerpo de otra persona y el movimiento de las emociones en nuestro propio cuerpo. Esto significa que aunque respondamos emocionalmente a la angustia de otra persona, no la estaremos confundiendo con la angustia propia. En el lenguaje de los sanadores espirituales o psíquicos, somos capaces de experimentar el sufrimiento de otras personas sin «hacerlo nuestro». Podemos leer las emociones de otra persona sin reproducirlas en nuestro propio cuerpo.

La aceptación del sufrimiento

Uno de los mayores desafíos para Kathryn consistió en darse permiso a sí misma para sentirse satisfecha. Cada vez que se relajaba y disfrutaba de la vida, se sentía culpable. Kathryn reconoció que le ocurría desde que era niña: cuando empezaba a sentirse feliz por algo, inmediatamente se sentía culpable porque el resto de su familia lo estaba pasando mal. Ya en la edad adulta, la tendencia a armonizar con el sufrimiento ajeno pareció confirmar su conclusión de que sentirse feliz era un sentimiento egoísta. Un día, mientras intentaba enfrentarse a este problema, le dije que la primera noble verdad del budismo es que la vida es sufrimiento. Kathryn no estaba familiarizada con el budismo, y se sorprendió al descubrir que enseñara tal cosa.

—¿Tú lo crees? –me preguntó.

—Creo que nuestra naturaleza básica es la alegría pura, y que cuanto más nos abrimos, más fácil nos resulta sentirla –le dije–. Pero abrirse significa renunciar al control sobre nosotros mismos. Y una parte importante de la renuncia a nosotros mismos consiste en aceptar la vida tal y como es. Eso significa aceptar que probablemente siempre existirán la pérdida, la ira y el miedo en el mundo, y también en nosotros mismos.

—¿Quieres decir que no podemos mejorar las cosas?

—No, creo que es bueno que tratemos de ayudar a las personas tanto como podamos. Pero también debemos aceptar el sufrimiento que nos rodea y el nuestro propio. Debemos incluir el sufrimiento en nuestro amor por el mundo.

Kathryn se quedó en silencio un buen rato y, después, dijo:

—Creo que he estado enfadada con la vida por el hecho de que sea tan dura. Probablemente también he estado enfadada con Dios desde que murió mi madre. Pero sé que es verdad, todo el mundo sufre y muere, independientemente de lo mucho que la gente les quiera o les necesite. Supongo que puedo quedarme sentada un rato mientras... acepto el sufrimiento, para poder aceptar también la felicidad.

Convertirnos en nuestro propio cuidador

En la primera sesión, Felicia me dio un cálido abrazo en cuanto entró por la puerta. Era una mujer tierna y oronda, tenía el cabello pelirrojo, rizado y brillante, y unos relucientes ojos azules. Se aposentó en el sofá con un semblante tranquilizador y expresivo. En cuanto estuvimos sentadas cara a cara, sin embargo, me di cuenta de que estaba un poco desenfocada y difusa. Parecía estar proyectándose hacia mí, como si tratara de establecer contacto fusionándose conmigo. También reparé en el peso que parecía soportar en la zona pectoral, como si el peso de sus pulmones le resultara intolerable.

Como Kathryn, Felicia también describió el motivo que le había llevado a empezar la terapia como la incapacidad para cuidar de todas las personas que la necesitaban. Mientras hablábamos, quedó claro que estaba furiosa por la situación, que sentía con una gran intensidad el carácter unilateral de sus relaciones con los demás.

A pesar de que la primera conversación giró en torno a la decepción que sentía por numerosas personas, Felicia no dudó un instante en otorgarme el papel de salvadora. Había leído mis libros, había visitado mi página web y estaba segura de que yo podía ayudarla. Me pareció que semejante idealización reflejaba la necesidad de encontrar a alguien que cuidara de ella y que no necesitara que la cuidaran, alguien de quien, finalmente, no tuviera que preocuparse. Aun así, mientras hablábamos, Felicia me escrutaba los ojos y el cuerpo, como si estuviera buscando alguna señal de debilitamiento ante el peso de sus problemas.

Felicia me describió la desesperación que había sentido de niña por la necesidad de cuidar y curar a su madre, la cual sufría una grave depresión. A menudo, cuando llegaba a casa de la escuela, su madre estaba tumbada en la cama y las cortinas de la habitación cerradas. Felicia le llevaba algo de picar para poder pasar un rato con ella. O le hacía figuritas de papel maché que a veces le arrancaban alguna que otra sonrisa.

Felicia estaba muy enfadada con su padre por haber abandonado a su madre por otra mujer y por formar otra familia cuando Felicia tenía diecisiete años. También estaba enojada con su hermana mayor por no visitar casi nunca a su madre, quien ahora vivía en una residencia geriátrica, mientras que ella la visitaba varias veces por semana. Cuando me contó esto, se inclinó sobre el sofá tanto como pudo para acercarse a mí, con su rostro contorsionado por la rabia.

—A la gente le da todo igual –gritó–. ¿Qué les pasa?

Durante su infancia, Felicia fue la confidente y el apoyo emocional de su madre. Su padre tenía aventuras que no se molestaba en ocultar;

su hermana, antes de marcharse de casa a los dieciséis años, se pasaba casi todo el tiempo fumando marihuana con sus amigos en su habitación. Nunca se hablaba de los problemas familiares. La depresión de la madre, los amoríos del padre, el problema con las drogas de la hermana eran negados sistemáticamente.

—Yo era la única que sabía lo que estaba ocurriendo –me dijo.

Felicia siempre se había sentido sola. Conmigo, sin embargo, mostró una dependencia muy infantil; siempre me pedía que la aconsejara para tomar decisiones, tanto grandes como pequeñas, y que la consolara por los desaires y «las frías miradas» que recibía casi a diario en sus interacciones con los demás. Sentí cómo se abría mi corazón por su urgente necesidad de ser acogida y por mis intentos de recibirla resueltamente mientras ella se quejaba y clamaba contra el mundo que la rodeaba.

Para Felicia, su vida era tan exigente emocionalmente que nunca había dispuesto de la oportunidad de habitar en otros lugares de su ser. Vivía en un torbellino de sentimientos que no la dejaban descansar. Sin embargo, la sanación psicológica requiere de la capacidad para reflexionar sobre nuestra propia situación, observar el panorama completo y aceptarlo. Debemos equilibrar la emoción con la conciencia. Dicha conciencia puede obtenerse, al menos en parte, simplemente hablando de las circunstancias que nos han provocado el dolor. Felicia y yo dedicamos muchas sesiones a analizar los acontecimientos que la hacían sentirse tan enojada y triste, tan necesitada de apoyo y, al mismo tiempo, tan incapaz de encontrarlo. Poco a poco, Felicia empezó a ver las cosas en perspectiva; fue capaz de analizar las situaciones y relaciones iniciales y entender el modo en que le habían afectado.

Equilibrar la emoción con la conciencia y la sensación física

Le enseñé a Felicia el ejercicio para equilibrar su profundidad emocional con la conciencia y la sensación física (descrito en el capítulo 2, página 53). Empecé por enseñarle a habitar su cuerpo y a armonizar con la consciencia fundamental que impregna su cuerpo y su entorno. A continuación, le pedí que armonizara con la cualidad de su conciencia en el interior, alrededor y por encima de su cabeza. Para ella, aquel era un territorio desconocido. Me situé de pie a su lado y coloqué la mano a unos cuantos centímetros por encima de su cabeza. Le pedí que «encontrara» mi mano con la mente, lo que le permitió centrar su atención en el espacio situado por encima de su cabeza. Sólo con encontrar este espacio por encima y alrededor de su cabeza, fue capaz de experimentar la sutil cualidad de la conciencia. La razón que lo explica es que las cualidades ya están ahí. No debemos crearlas ni imaginarlas.

—Ahora experimenta la cualidad de la conciencia que impregna todo tu cuerpo, como si estuvieras completamente hecha de esa cualidad. –Felicia se quedó muy quieta mientras experimentaba esto por primera vez. Su cuerpo adquirió una ligereza y una claridad que no había visto hasta entonces. Sus rizos rojizos refulgían alrededor de su cabeza.

»Ahora siente que la cualidad de la conciencia impregna tu cuerpo y tu entorno al mismo tiempo. –Felicia se sorprendió al descubrir qué distinta era aquella forma de experimentarse a sí misma y el mundo que la rodeaba comparada con cómo lo había hecho hasta aquel momento–. Es como si hubiera cambiado el clima –aseguró–. Todo es más reluciente y fresco. Debe de ser otoño –bromeó.

»Ahora armoniza con la cualidad de la emoción –continué. Felicia dirigió la atención de forma automática hacia su pecho y abdomen. No le costó hacerlo; para ella, era territorio conocido–. Siente que todo tu cuerpo está hecho de esta cualidad emocional.

Cuando lo hizo, el peso de la ira y el dolor acumulados principalmente en su corazón empezaron a disiparse. En cambio, la profunda reserva de amor que era su don espiritual propagó su sutil calidez por todo su cuerpo. Fue tan emocionante estar sentada frente a aquel hermoso buda hecho de amor que tuve dificultades para seguir dándole instrucciones.

—Ahora siente que esta cualidad de la emoción impregna tu cuerpo y tu entorno al mismo tiempo –conseguí decir.

»Ahora armoniza con la cualidad de la sensación física. Para ello, debes centrar tu atención más abajo, en el espacio que queda por debajo de tu torso y tus pies.

Felicia descubrió que podía hacerlo pese a que nunca antes había experimentado el fundamento de la sensación física. Como le ocurre a mucha gente, sólo conocía las sensaciones específicas como el calor o el tacto.

La sensación física, sin embargo, es otro aspecto de la base espiritual de nuestro ser, y de la unidad con todo aquello que nos rodea, tanto como la consciencia o la emoción. Aunque no le costó sentir que todo su cuerpo estaba hecho de sensación física, para ella fue una experiencia nueva sentir que la sensación física impregnaba tanto su cuerpo como su entorno de forma simultánea.

—Es como si todo estuviera hecho de tacto –dijo.

El ejercicio termina con la armonización de las tres cualidades al mismo tiempo. Primero, Felicia armonizó simultáneamente con la consciencia y la sensación física que impregnaban su cuerpo y su entorno. Seguidamente, «añadió» la cualidad de la emoción que impregnaba todo su cuerpo y su entorno. Cuando armonizamos las tres cualidades al mismo tiempo, éstas se vuelven indistinguibles unas de otras, convirtiéndose en el vacío vibrante y la fértil presencia de la consciencia fundamental.

Con el tiempo, la respuesta de Felicia a la vida se hizo más equilibrada. Las emociones, que hasta entonces habían sido su principal centro de atención, se convirtieron en una parte más de su experiencia. Me dijo que aquello estaba «reduciendo» el modo en que le afectaban los acontecimientos de su vida y que ahora comprendía mejor lo que le estaba ocurriendo. Aun así, las relaciones con los demás seguían resultándole frustrantes y confusas.

—Tengo muchas ganas de algo –aseguró–, pero no soy capaz de conseguirlo.

Este ansia intensa por conectar es muy habitual entre las personas espiritualmente sensibles. A veces se expresa como un ansia por lo divino. Creo que está provocada por una intuición: la de la unidad que sentimos con toda la vida, incluso con el cosmos. Al reconocernos a nosotros mismos como el fundamento unificado y luminoso que lo impregna y lo llena todo, podemos satisfacer la sensación subyacente de separación.

Relacionarnos en la consciencia fundamental

Pasé a enfocar las sesiones en la práctica de la armonización con la consciencia fundamental que impregna nuestro cuerpo y nuestro entorno al mismo tiempo. Felicia tuvo problemas para experimentar esto. Como les ocurre a las personas que son muy fluidas y expansivas enérgicamente, pudo abandonar su cuerpo y extenderse por la habitación sin dificultades, ya que ésa había sido su forma de relacionarse con los demás durante toda su vida. Felicia se fusionaba con las otras personas en lugar de experimentar el contacto de su propio ser con el del otro. La fusión con los demás es un movimiento energético hacia fuera. Para ello, debemos abandonarnos a nosotros mismos y entrar en otra persona. Felicia era consciente de que muchas personas la consideraban invasiva, pero nunca había sabido cómo cambiar su modo de relacionarse. Tenía la sensación de que las otras personas no estaban disponibles para ella o que su necesidad de contacto era demasiado intensa para los demás.

La armonización con la quietud que lo impregna todo es un nivel de experiencia más sutil que el de extender nuestra energía hacia fuera. En lugar de un movimiento exterior, se experimenta como si estuviéramos acomodándonos en un espacio que ya existía previamente, sin ningún esfuerzo por nuestra parte. De hecho, sólo podemos encontrar dicho espacio ubicuo asentándonos más profundamente dentro de nuestro propio cuerpo. Una vez hemos encontrado ese espacio, podemos permanecer en nuestro cuerpo, conectados a nuestro propio ser, mientras experimentamos el contacto con otra persona.

Me situé a su lado para que no tuviera que mirarme directamente y le pedí que sintiera cómo el espacio nos impregnaba a ambas. Cuando fue capaz de hacer esto sin abandonar su cuerpo, volví a sentarme frente a ella para que el ejercicio fuera más exigente.

A Felicia le costó mucho permanecer en su cuerpo mientras yo estaba sentada frente a ella. Aunque logró habitar su cuerpo, seguía proyectándose hacia mí desde el pecho. Le sugerí que imaginara que su cuerpo era un recipiente con una tapadera. Podía permanecer dentro del recipiente de su cuerpo y la tapadera impediría que se desbordara.

Felicia lo intentó y, poco después, me miró con la emoción pintada en el rostro.

—Lo estoy sintiendo –exclamó–. Tú estás ahí y yo estoy aquí, pero formamos una continuidad. Siempre he pensado que tenía que ponerme una armadura que me separara de la gente o que tenía que mezclarme con ellos del todo.

Una mirada de asombro apareció en su rostro y me dijo:

—No existo en el espacio. Soy el espacio. –Aquella era una idea importante que demostraba que estaba empezado a comprender la consciencia fundamental. El espacio no es algo separado de nosotros. No hay diferencia alguna entre el espacio y nuestro yo.

Felicia entonces pudo armonizar con el espacio que nos impregnaba a ambas, aunque sólo cuando no establecía contacto visual conmigo. En cuanto me miraba a los ojos, se proyectaba para fusionarse conmigo.

—Trata de mirarme a los ojos a través de la distancia que nos separa –le dije–. Mientras lo haces, sé consciente del espacio que hay entre nosotras.

La gente suele «adherirse» al mundo con los ojos, por lo que todo parece estar justo frente a ellos. Ser conscientes del espacio entre nosotros mismos y las otras personas o cosas puede ayudarnos a percibir mejor la auténtica distancia que nos separa del mundo que nos rodea.

La primera vez que Felicia fue capaz de sentir esto, se puso a reír.

—Pareces mucho más pequeña –me dijo.

En cuanto Felicia empezó a verme a través de la distancia que nos separaba, como una persona independiente, tuve la sensación de que se preocupaba menos por mí y que dejaba de idealizarme. A veces, cuando me miraba, incluso me parecía reconocer una expresión de paciencia en sus ojos, como si aceptara los defectos o vulnerabilidades que veía en mí. No era su salvadora, pero tampoco era su enemiga.

La consciencia fundamental es la base del parentesco universal y la igualdad con toda la vida. Mientras Felicia y yo continuamos reuniéndonos en este espacio unificado y omnipresente, la forzada relación entre profesora y alumna (o doctora y paciente) pasó a un segundo plano. Tuvimos la sensación de estar hechas de la misma esencia, de la misma transparencia. Aunque cada una de nosotras tenía su propia historia y su propia perspectiva a la hora de comunicarnos, ahora la conversación podía tener lugar en un contexto de contacto continuo entre ambas. En tanto consciencia fundamental, nos reconocíamos, nos sentíamos y nos tocábamos la una a la otra a través de la distancia que nos separaba.

EJERCICIO 12 • **Intimidad y espacio**

Dirígete a un lugar público, como una biblioteca o un parque y siéntate. Siente que estás en el interior de todo tu cuerpo al mismo tiempo. Encuentra el espacio más allá de tu cuerpo. Experimenta que el espacio interior y exterior de tu cuerpo es un único espacio continuo. Ocupas tu propio cuerpo pero eres permeable, transparente. Siente cómo el espacio que te impregna también impregna a las demás personas de tu entorno. No abandones tu propio cuerpo mientras experimentas esto. Siente que no hay diferencia alguna entre tú y el espacio omnipresente; tú *eres* el espacio.

Desde el espacio interno de tu propio cuerpo, experimenta el espacio interior de las personas que están a tu alrededor. Trata de sentir la vida en el interior de sus cuerpos y las cualidades particulares de su ser. Permanece en tu cuerpo mientras lo experimentas.

Armoniza con la cualidad de tu conciencia alrededor y por encima de tu cabeza. Experimenta la cualidad de la conciencia que impregna todo tu cuerpo. Experimenta la cualidad de la conciencia que te impregna tanto a ti como a las personas de tu entorno. Deja que el área de la conciencia impregne y reciba tu cuerpo y el de las otras personas. Repite esto con la cualidad de la emoción, la de la sensación física y, por último, con las tres a la vez. Recuerda que cuando armonizas con las tres cualidades al mismo tiempo, se vuelven indistinguibles las unas de las otras. Se convierten en el fértil terreno de la consciencia fundamental que te impregna tanto a ti como a las personas que te rodean.

Capítulo 7

Cambiaformas: el reto de ser auténtico

Carlos Castaneda fue uno de los escritores más leídos durante los primeros años del renacimiento espiritual estadounidense. Para muchos de nosotros, el maestro de Castaneda, el chamán nativo americano don Juan, fue la primera imagen que tuvimos de un maestro espiritual. Así, pese a no recordar ya el título de ninguno de los muchos libros de Castaneda, sí recuerdo intensamente la descripción de don Juan cuando ayudaba a Castaneda a transformarse en un pájaro.[11]

El profundo desarrollo de la imaginación es una de las señales tradicionales de la madurez espiritual avanzada. Muchas religiones chamánicas aseguran que sus adeptos pueden transformarse en animales. Tanto en el folclore budista tibetano como en el judío, encontramos grandes místicos capaces de crear elaboradas proezas o incluso criaturas humanoides (como el *golem* en el judaísmo) mediante el poder de su visión interior. Según parece, muchos maestros hindúes han sido capaces de crear una fragancia o incluso una pieza de joyería o una estatua religiosa con tan sólo imaginarla. En Occidente, probablemente la más

11. Carlos Castaneda (1968): *The Teaching of Don Juan: A Yaqui Way of Knowledge*, Berkeley: University of California Press.

famosa de estas hazañas de la imaginación creadora es la historia de la transformación del agua en vino por parte de Jesucristo.

El potencial de este aspecto de la madurez espiritual suele estar presente en los niños dotados espiritualmente como una fértil capacidad imaginativa. Y, como todos los dones, puede causar algunas dificultades. Por lo general, los niños imaginativos o «con la cabeza en las nubes» suelen distraerse de las ocupaciones mundanas. Es posible que tengan dificultades para concentrarse en la escuela con aquellas tareas que les aburren, ya que tienen una gran facilidad para escapar a fantasías más entretenidas. Al tener la «cabeza en las nubes», puede que se conviertan en objeto de ridiculizaciones u ostracismo por parte de sus compañeros y familiares con los pies más en la tierra. Estos niños pueden recurrir a su fértil fantasía para evitar el contacto con las realidades dolorosas de su entorno infantil o para soportar el aislamiento. También es posible que creen personajes ficticios que, según la psicología y la sensibilidad del niño, terminen siendo profundamente distorsionadores y que, a medida que se hacen mayores, tal vez se conviertan en una fuente de problemas.

Al hacernos mayores, todos terminamos convirtiéndonos, hasta cierto punto, en una abstracción, en una idea de nosotros mismos, en lugar de en una experiencia incorporada y vital. Nos identificamos en función de nuestro rol, como profesor o abogado, o con un aspecto de nuestra personalidad, como niño prodigio o como víctima. Construimos personalidades, como la máscara de la benevolencia o la intimidación, para poder enfrentarnos a determinadas situaciones sociales complejas. También modelamos nuestras personalidades construidas a partir de la imagen de nuestros padres o de las imágenes de las personas que aparecen en los medios de comunicación para parecer más sexys o poderosos.

De niños, nos amoldamos para adaptarnos a las imágenes que los demás proyectan sobre nosotros. Podemos adoptar una imagen de ternura, maldad o bondad si nuestros padres nos ven de ese modo o si desean que lo seamos. Si observamos detenidamente a los niños, veremos que la falsa sonrisa, por ejemplo, puede aparecer a una edad muy temprana. Los niños emocionalmente sensibles pueden llegar a ser especialmente flexibles o impresionables, y suelen armonizar con la forma en que sus padres quieren o necesitan que sean. Pueden llegar a perderse en un intento por conseguir el afecto, el contacto o la aprobación de sus padres.

Como ocurre con los patrones defensivos, algunas de estas construcciones de la personalidad quedan adheridas a los tejidos corporales pasando a formar parte de nuestra constitución. Otros patrones son más fluidos: gestos o posturas que adoptamos, normalmente de forma inconsciente, en respuesta a determinadas situaciones. Todos estos patrones enmascaran y constriñen nuestro auténtico yo. Obstruyen tanto el modo en que percibimos la vida (como la capacidad de ver, oír o tocar de una forma auténtica) como el modo en que nos explicamos a nosotros mismos, por ejemplo, mediante la capacidad para hablar desde el corazón.

Para las personas con una alta capacidad imaginativa, la personalidad construida a veces es una fachada aún más excepcional que la que suele crear la mayoría de la gente. Por ejemplo, puede ser el producto y la expresión de una extrema sensación de alienación respecto del mundo que los rodea. O una transformación más radical de ellos mismos.

Debido a su introspección y su fuerza de voluntad, pueden llegar a crear una imagen falsa en lo más profundo de su ser y parecer más aislados de la realidad que las otras personas. Una vez, en India, leí un texto que aseguraba que las personas espirituales se ocultaban en el mundo en forma de locos, demonios y niños. Por desgracia, aunque los disfraces pueden ayudarnos a protegernos del mundo, también ocultan nuestra auténtica naturaleza.

Para las personas espiritualmente sensibles, las falsas personalidades pueden convertirse en una fuente de gran insatisfacción. Dado que creamos nuestras máscaras de un modo inconsciente, la mayoría de las personas creen que ésa es su auténtica personalidad. Sin embargo, los individuos espiritualmente dotados suelen tener una intuición desarrollada de la realidad, una especial capacidad para distinguir entre la verdad y el artificio. A menudo su propia discordancia les resulta molesta. Creo que es un tipo de sufrimiento que sólo se da en las personas espiritualmente dotadas: la sensación de sentirse atrapado en su propia fantasía.

Cuando están solas, algunas personas pueden, hasta cierto punto, deshacerse de la máscara o, al menos, sentirse menos abrumadas por ella. Tienden a la soledad porque es el único momento en el que se sienten reales. Su incapacidad para experimentar la autenticidad en sus relaciones con las otras personas puede llegar a ser una carga muy pesada. Pese a saber que es posible, y anhelar, la autenticidad del contacto consigo mismos y con los demás, ellos son incapaces de experimentarla. No pueden experimentar esta autenticidad a menos que reconozcan y vean a través de su yo imaginado. La senda espiritual, para todo el mundo pero, especialmente, para las personas con una imaginación fuera de lo común, requiere que sepamos distinguir entre la verdad y la fantasía. Debemos despertar del sueño.

Descubrir la realidad

Cuando conocí a Shana, vestía ampulosamente, con tejidos de ricas texturas, abundantes joyas y maquillaje exagerado que acentuaba sus grandes ojos oscuros. Llevaba el pelo teñido de un negro intenso y decorado con pedrería. Pero lo más llamativo era su actitud. Se presentó en mi consulta como si estuviera bendiciéndome con su presencia. Cuando hablaba, parecía imbuida de un brillo sobrenatural.

Empezó por informarme que sabía a ciencia cierta que no era de este mundo. Su espíritu había viajado desde una parte distante del firmamento para ayudar a sanar y despertar a la gente de este planeta. Dijo todo esto con una sonrisa celestial y los brazos extendidos. Aunque su sonrisa y sus gestos me resultaron extraños, lo cierto es que parecía transmitir un sincero deseo por mejorar las cosas. Pese a sentirme más una espectadora que una participante de nuestro encuentro, me di cuenta de que empezaba a caerme bien.

Se ha escrito y especulado mucho sobre la relación existente entre las enfermedades mentales graves y la receptividad espiritual. Es posible que las personas espiritualmente dotadas, debido a su fluidez y receptividad, sean más susceptibles a las enfermedad mentales, del mismo modo que son más susceptibles a otras dificultades que describo en este libro. El reconocimiento espiritual maduro es distinto a las enfermedades mentales. Es un estado de contacto profundo con uno mismo y con el entorno, sin fragmentación ni disociación. Aunque Shana tenía problemas con dicho contacto, no encajaba en los criterios que la psicología tipifica para la psicosis. Shana no tenía alucinaciones, ni falta de coherencia en su discurso o en su pensamiento, ni ninguna distorsión cognitiva (no creía, por ejemplo, que los anuncios de la televisión hablaban de ella).

Pese a su extravagancia y creatividad en el vestir, su aspecto no era tan extraño como para disparar las alarmas. Incluso la creencia de ser una «persona de las estrellas» no resultaba tan inusual; es una de las creencias que se enseñan y sobre las que se escribe en los tratados místicos de nuestra cultura. También me llamó la atención, y me tranquilizó, descubrir una sensata irritación, tanto en sus movimientos como en su expresión facial, como uno de los substratos bajo su perpetua expresión de benevolencia.

Shana había acudido a mi consulta porque se encontraba en una encrucijada de su carrera profesional. Llevaba muchos años trabajando como dependienta en una joyería, pero tenía la aspiración de montar su propio negocio como vidente. Me relató varias historias sobre sus increíbles habilidades para predecir el futuro de sus amigos. Incluso había predicho la fecha exacta en la que una mujer conocería a su futuro marido, además de su aspecto físico y su profesión, y se sorprendió cuando sucedió con exactitud tal y como lo había visto en el espacio circundante de la cabeza de la mujer. Recientemente había asistido a su boda.

—Tengo poderes mágicos –me dijo con una mezcla de orgullo y perplejidad. Sin embargo, tenía la sensación de que algo se interponía en sus planes de negocio. Sabía que estaba destinada a dar ese paso en la vida, y esperaba que yo la ayudara a identificar qué se estaba interponiendo en su camino.

Durante nuestras conversaciones, me di cuenta de su incapacidad o renuencia a mirarme directamente a los ojos. A pesar de tratarme con el leve desdén con el que un ser superior suele dirigirse a uno inferior, si la miraba directamente a los ojos, ella me rehuía de forma instintiva. Gracias a ese brusco gesto, fui capaz de vislumbrar a la mujer extremadamente sensible y vulnerable que estaba sentada delante de mí.

Al explorar lo que significaba para ella la revelación de sus poderes ante el mundo, empezó a describirme una infancia llena de confusión y rechazo. Se sorprendió al descubrir que se conmovía hasta el punto de derramar lágrimas ante algunos de aquellos recuerdos. Creía que era una etapa de su vida que ya había superado. A los veintipocos, se topó con un libro sobre extraterrestres que habían venido a la Tierra para hacer de guías y sanadores y pensó que ella debía de ser uno de ellos. Desde entonces no volvió a pensar en su infancia, considerándola simplemente como una ilusión, una especie de «tapadera» que la ayudaba a hacerse pasar por humana. Cuando me contó esto, se rio un poco. Estaba claro que no se lo creía del todo; más bien parecía una posible explicación al intenso sentimiento de diferencia que sentía respecto a los demás.

—Siempre me he sentido fuera de lugar –me dijo en una repentina muestra de honestidad–. Sé que hay algo en mí que no termina de funcionar, pero todo lo que me rodea también parece fuera de lugar, así que es difícil orientarse. ¿Tiene eso algún sentido? –Parecía una queja algo extraña proviniendo de ella; hasta entonces nunca había expresado algo así en voz alta. Se sentía fuera de lugar en un mundo fuera de lugar–. Todo parece tan artificial –concluyó.

Pasaron varios meses antes de que Shana confiara en mí, y en ella misma, lo suficiente como para ver lo que realmente la estaba reteniendo. Cuando me lo contó, se cubrió la cara con las manos como si quisiera ocultarse de mí.

—Tal vez soy un fraude –me dijo. Sabía que era lo peor que podía pensar sobre sí misma. Entonces levantó la cabeza y, por primera vez, me miró directamente a los ojos–. Pero en realidad puedo hacer todo lo que te he contado. –Y apartó la mirada–. ¿Será que tengo miedo de que la gente piense que soy un fraude? –se preguntó a sí misma antes de quedarse un rato en silencio–. No, es algo que siento internamente, la sensación de que no puedo ser real.

Me miró sorprendida, como si fuera la cosa más extraña que había pensado jamás.

—Hay una oración hindú que dice –continuó–: «Por favor, guíame de la ilusión a la realidad». Entiendo lo que significa. Esa realidad es lo que más anhelo.

Pese a comprender claramente su situación, Shana no sabía cómo alcanzar la realidad que tanto anhelaba. Le daba miedo ver a través de la persona que había creado. También le aterrorizaba que yo la convirtiera en algo que no era, en una especie de muestra genérica de una persona «normal».

Shana admitió que a menudo el mundo le resultaba insípido. Una gran parte de la gente era estrecha de miras y aburrida, y la otra, aterradora o inaccesible. No podría encontrar su lugar en el mundo ni sentirse a gusto en ninguna parte. Circulaba por los diversos ambientes de su vida como un observador exaltado, parapetada en la cima de su propia montaña.

—No cabe duda de que soy distinta –me comentó–. De hecho –añadió desafiante pero con un brillo humorístico en los ojos–, me parezco más a esas personas de las estrellas. Ellos se dedican a hacer el bien. Somos una red de almas avanzadas, trabajando por mejorar las cosas. –Las lágrimas corrían ahora por su rostro–. No sé por qué estoy llorando –dijo–. Quiero estar «en el mundo pero no ser de este mundo»; pero también quiero estar aquí, contigo.

Volver a transformarse

Aquello me hizo pensar en mi propio despertar a la realidad. Antes de iniciar mi práctica espiritual, vivía en un mundo vibrante e imaginativo. Durante mi infancia y hasta los veintipocos, fui bailarina y coreógrafa, por lo que para mí la vida era poco más que una danza, una exhibición dinámica de texturas en movimiento, energías y significados simbólicos. Aquel alarde era una fuente constante de inspiración que no me costaba traducir rápidamente en una coreografía.

Me sentía cautivada por los significados y el dramatismo que o bien veía o bien aplicaba al mundo que me rodeaba. Yo también estaba desorientada. Pese a tener algún tipo de conexión con mi cuerpo gracias a los años de riguroso entrenamiento, no habitaba mi cuerpo. Sobre todo cuando alcancé una mayor competencia técnica, mi cuerpo se convirtió en un objeto, algo separado de mí que había moldeado y perfeccionado para realizar hazañas atléticas. Vivía en una estrecha franja situada en la parte superior de los ojos; no en el intelecto, sino en la imaginación. Cuando me lesioné la espalda y tuve que abandonar el enclaustrado mundo de la danza que había sido mi hogar hasta entonces, también me sentí como una criatura alienígena que acabara de llegar a la Tierra.

Después de la cirugía de espalda, llevé durante seis meses un corsé ortopédico de torso completo y mi cuerpo se relajó. Empecé a meditar y a asentarme poco a poco en mi propio cuerpo. Recuerdo con exactitud la formidable sensación de sobriedad que sentí al principio de dicha transición. Todo lo que veía parecía absolutamente auténtico, despojado de su valor simbólico. El maestro budista tibetano Chögyam Trungpa denominó a esto la «crudeza» de la vida. Un árbol no era más que un árbol, y no una metáfora de algo más, como una celebración o el hecho de alcanzar una cima, tal y como ocurría en mis días de bailarina. Era sólo un árbol. Un árbol particularmente único, pero sólo un árbol. También me sentía extrañamente sustancial, como si, de repente, tuviera peso y volumen. Y no sólo eso; me sentía una persona normal y corriente. Era como si las energías que había estado enviando al más allá hubieran regresado para instalarse en mi interior, bajo mi piel. Yo era simplemente yo.

De modo que entendía a la perfección los temores de Shana. Para hacerse real e incorporada, debía renunciar en parte a la materialidad. Antes de esta renuncia, antes de dejar atrás una vida de fantasía, no podemos saber que la vida real es materialidad impregnada de energía y consciencia, que es tanto solidez como transparencia radiante. Es la experiencia más sobria y ordinaria que podemos tener sobre nosotros mismos y nuestro entorno, y, al mismo tiempo, la más extraordinaria. Tampoco podemos saber antes de esta renuncia que nuestra imaginación no se extingue con el despertar espiritual, sino que se hace más madura.

La realidad del cuerpo

El paso de vivir en la imaginación a hacerlo en la realidad no es simplemente una transición mental. Es un cambio en la forma en que habitamos nuestro cuerpo. En nuestra primera sesión, cuando Shana abrió los brazos para expresar su misión de sanar el mundo, su actitud no me pareció auténtica porque no estaba presente en sus brazos. Había una falta de conexión entre su ser y su cuerpo que le impedía expresarse auténticamente ante los demás.

Para poder conectar de una forma real con nosotros mismos debemos aprender a conectar con nuestro entorno. Un aspecto muy interesante de nuestra naturaleza es que para sanar la escisión entre el cuerpo y la mente, también debemos sanar la escisión entre nosotros mismos y nuestro entorno, o entre nosotros y las otras personas. Hasta cierto punto, la vida es imaginaria o ilusoria para todo el mundo. Todos observamos la vida a través del filtro de la experiencia, los patrones y el primer aprendizaje del mundo. Todos adornamos nuestras circunstancias con nuestras esperanzas y miedos. También imaginamos una barrera entre nosotros mismos y nuestro entorno. Imaginamos una separación entre el mundo exterior y la consciencia (interior) que percibe dicho mundo.

A medida que entramos en mayor contacto con nosotros mismos y con el mundo, estos filtros y proyecciones empiezan a disolverse. Descubrimos que no hay una separación entre nosotros, en tanto sujetos, de lo que percibimos como objetos. Toda nuestra experiencia, tanto interna como externa, es percibida en la misma extensión unificada de la consciencia. Sentimos este contacto directo e inmediato con la vida como si estuviera sucediendo en este mismo momento, como algo real, completo. Ninguna parte de nosotros mismos queda excluida de la experiencia del momento presente.

La realidad por la que aboga la oración hindú no es el mundo que la mayoría de la gente percibe, el mundo de los objetos materiales separados y sólidos. La sobriedad de la práctica espiritual consiste en desnudarnos, no de la materia, sino de algo mucho más misterioso, de la transparencia luminosa y unificada que lo impregna todo. No podemos alcanzar esta dimensión evitando el mundo material. Debemos aceptar y abrirnos paso a través del mundo de los objetos sólidos separados y habitar completamente nuestro propio cuerpo físico separado para poder llegar a experimentarnos, a nosotros mismos y a nuestro entorno, como extensión única de la consciencia fundamental.

Cuando vivimos en el interior de nuestro cuerpo, somos capaces de encontrar el centro de nuestro ser y de todos los demás seres. En realidad, todos compartimos el mismo centro. Cuando vivimos en nuestra imaginación, estamos descentrados. Curiosamente, los seres humanos tenemos la capacidad de discernir entre equilibrio y desequilibrio, entre lo que está centrado y lo que no lo está. Esta capacidad nos permite, por ejemplo, distinguir la armonía de la disonancia, tanto en los sonidos como en las formas visuales.

Este tipo de armonización está desarrollada en especial en las personas espiritualmente receptivas. Shana se sentía incómoda porque sabía que no estaba centrada. Durante la infancia, muchas personas espiritualmente dotadas se desorientan porque son capaces de captar que las personas que les rodean están descentradas y tratan de ajustarse a ellas. Sin embargo, esta misma sensibilidad al equilibrio puede ayudarles a recuperar su centro.

Humildad

Shana tuvo muchas dificultades con el ejercicio para habitar su cuerpo.

—Me siento extraña –dijo–. Estoy totalmente atrapada aquí, pegada al suelo. Es como si pesara mil kilos. Puf, es como si tuviera cien años.

Aunque intenté convencerla de que, con la práctica, llegaría a sentirse más ligera de lo que nunca se había sentido, no acabé de conseguirlo. Tras la tercera sesión, me llamó para comunicarme que no iba a volver.

—No va conmigo –me dijo.

Aproximadamente un año más tarde, volvió a llamarme. Quería volver a intentarlo. En la primera sesión, me di cuenta de que parecía más triste que el año anterior. Aunque no me contó nada de los sucesos que había vivido desde la última vez que nos habíamos visto, le había ocurrido algo que le había bajado los humos, que le había hecho hacer balance, y ahora parecía una persona más accesible. He descubierto que las personas con una mayor capacidad para el cambio y el crecimiento tienen dos atributos en común: una gran, aunque a veces oculta, autoestima que les impulsa a abandonar los estados de sufrimiento que les limitan, y humildad, lo que les ayuda a verse a sí mismos tal cual son en cada instante, por muy tristes, pequeños o asustados que se sientan.

Ahora, al poner en práctica el ejercicio de incorporación, Shana parecía aceptar mejor lo que sentía en cada parte de su cuerpo. Cuando terminamos el ejercicio, le pregunté cómo se había sentido.

—No muy mal –respondió ella–. Es agradable estar ahí adentro. Soy bastante agradable en todas partes.

—Sí, sí que lo eres –le dije.

Movernos como la cualidad del yo

Le enseñé a Shana a permanecer en el interior de su cuerpo y a armonizar con la cualidad de su yo mientras se movía. Como he explicado en el capítulo 2, incluso si armonizamos con la cualidad de nuestro yo únicamente en una parte del cuerpo, como, por ejemplo, en los brazos, podemos sentir dicha cualidad en la totalidad de nuestro cuerpo. Esto significa que al movernos a través de la cualidad del yo, aunque sólo sea en los brazos, todo el cuerpo participa del movimiento. Esto no tiene nada que ver con el entrenamiento que hacía cuando era bailarina, pues allí me enseñaron a «apoyar» el movimiento de las extremidades manteniendo rígidamente inmóvil el resto del cuerpo.

Le pedí a Shana que se pusiera de pie y sintiera que habitaba todo su cuerpo y descubrió que podía hacerlo sin ninguna dificultad. Entonces le dije:

—Mueve los brazos lentamente delante de ti. Siente que estás dentro de ellos mientras los mueves. El espacio interior de tus brazos se mueve a través del espacio de la habitación.

»Ahora, con los brazos extendidos, armoniza con la cualidad de tu yo en el interior de los brazos.

Cuando Shana hizo lo que le pedía, todo su cuerpo se iluminó con su presencia.

—Sin abandonar los brazos –continué–, y mientras sigues en armonía con la cualidad de tu yo, extiende poco a poco los brazos hacia fuera perpendicularmente a tu cuerpo.

Aunque esto requería cierta concentración, Shana descubrió que era capaz de hacerlo. Mientras se movía por el espacio interior de sus brazos, me di cuenta de que también miraba desde el centro de sus ojos. Establecimos contacto visual y nos reconocimos mutuamente de forma instantánea. Gracias a este contacto, el amor empezó a circular entre nosotras espontáneamente. En reacción a esto, Shana se proyectó inmediatamente hacia mi cuerpo, lo que detuvo el flujo de amor entre nuestros cuerpos. Entonces, con la misma rapidez, Shana se reincorporó al interior de su propio cuerpo.

—Guau, eso ha sido interesante –exclamó–. Te percibo mejor cuando estoy dentro de mí.

El espacio empático

Shana me dijo que cuando usaba sus poderes psíquicos, era como si entrara en la otra persona. Se dio cuenta de que una de las razones por las que se resistía a seguir desarrollando sus habilidades psíquicas era que éstas la dejaban agotada y desorientada.

—Tengo la sensación de que me convierto en la otra persona –aseguró Shana–. A veces no vuelvo a ser yo misma hasta el día siguiente.

A medida que continuamos practicando los ejercicios del Proceso de Reconocimiento, Shana pudo armonizar fácilmente con el espacio que nos impregnaba a ambas sin abandonar su propio cuerpo. Me dijo que estaba empezando a utilizar esa misma armonización en su práctica psíquica.

—Ahora es como si el propio espacio revelara las imágenes. Ni siquiera tengo que moverme y recibo lo que sea que haya en él. Hasta cierto punto, es mucho más sutil que el procedimiento que utilizaba antes. Y, sin duda, mucho menos agotador.

Numerosos psico y fisioterapeutas han asegurado que su práctica sanadora también se beneficia del contacto con la dimensión sutil de la consciencia. En lugar de hacer un esfuerzo por ser empáticos y decir lo que debe decirse en cada momento, es como si el proceso de sanación se desarrollara espontáneamente. Pueden recibir en el espacio compartido tanto la comunicación del cliente como sus propias respuestas a ella. En la actualidad, la espontánea receptividad al instante presente se considera un aspecto más de las técnicas terapéuticas, incluso en los sectores más conservadores de la psicoterapia. Habitar el cuerpo y armonizar con la consciencia fundamental puede facilitar un enfoque del proceso curativo más integrador y honesto.

Desprenderse de las primeras relaciones

Un día, mientras practicábamos la armonización con la consciencia fundamental, Shana experimentó una vívida imagen de la relación con su madre.

—Las dos estamos sentadas juntas. No sé por qué, pero era una persona con la que resultaba muy difícil relacionarse. Aunque recuerdo que yo intentaba escanearla, percibir lo que sentía. –Una expresión de profundo arrepentimiento transformó su rostro–. Falleció hace tres años. Soy la única de la familia que nunca se llevó bien con ella. Mis dos hermanas estaban muy unidas a mi madre. No sé qué me impedía quererla de verdad. –Se detuvo y me miró con expresión culpable–. Nunca le había contado esto a nadie. Aunque yo tampoco me sentí nunca muy querida por ella, creo que era culpa mía, que no podía aceptar su amor. Ése era uno de los motivos que me hacían sentir tan distinta a los demás miembros de mi familia. No formaba parte del círculo de amor del que todos participaban.

Para ayudarle a entender cómo le había afectado la relación con su madre, le enseñé el ejercicio que consiste en imaginar que su madre estaba delante de ella. Puse una silla a poca distancia frente a ella y giré la mía para colocarme en su misma dirección. Las dos nos quedamos mirando la silla vacía.

—Empieza por sentir que estás dentro de todo tu cuerpo al mismo tiempo –le indiqué–. Armoniza con la cualidad de tu yo en todo el cuerpo.

»Ahora imagina que tu madre está sentada en la silla que tienes delante. Siente que el espacio que impregna tu cuerpo también impregna el suyo. Mientras lo haces, observa todo lo que ocurre en tu cuerpo.

Cuando Shana siguió mis instrucciones, noté cómo se constreñía su corazón.

—Es tan extraño –dijo–. Noto un montón de energía dirigiéndose hacia mí, pero no hay ni pizca de amor en ella. ¡Y sus ojos! No puedo mirarlos. –Shana apartó la mirada de la silla y cerró los ojos con fuerza, como si quisiera protegerse de una terrible visión.

—¿Cómo son sus ojos? –le pregunté.

Con un gran esfuerzo, Shana abrió los suyos y volvió a mirar la imagen de su madre sentada en la silla.

—Están borrosos. Es como si no me estuviera mirando a mí. No sé por qué eso me molesta tanto. ¿Lo único que quiero es su atención?

—Todos los niños necesitan atención –le aseguré–. Y que conectemos con ellos de verdad. Cuando somos pequeños, para poder conocernos a nosotros mismos, necesitamos que nos reconozcan.

—Exacto. Ella siempre decía que me quería pero apenas me conocía ¿De qué sirve eso? Sé que suena egoísta; toda mi familia dice que soy una egoísta.

Shana tenía una mano sobre el pecho, como un escudo.

—¿Cómo es la energía que sale de su pecho? –le pregunté.

Shana tardó un buen rato en responder.

—Hay amor y ternura –dijo finalmente–. Pero también muchas carencias. Es como si necesitara que le diera algo que no le estoy dando, y se siente molesta y dolida. Y además, parece muy joven. Nunca la había visto así antes; parece una niña pequeña.

Shana apartó la mano de su pecho y su corazón se tranquilizó.

—Lo siento mucho –le susurró a la imagen de su madre–. Siento mucho no haber podido cuidarte. –Shana se puso a llorar; estuvo llorando durante mucho tiempo y sus lágrimas parecían salir de un lugar muy profundo, un lugar que no había visto en ella hasta entonces. Escuché su auténtica voz en sus sollozos.

Shana me miró y se quedó callada, pensativa.

—Tuve que protegerme, ¿verdad? Mis hermanas se fusionaron con ella, formaron un gran espacio de amor y carencias. Y ahora están totalmente perdidas. –Sonrió–. Lo sé, yo también he estado perdida. Pero ellas no están en ninguna parte; cuando voy a verlas, es como si no hubiera nadie allí. Como si se dejaran llevar por la corriente. Sin embargo, ellas no parecen echar nada en falta. Por lo menos yo sabía que me faltaba algo.

—Sí –corroboré–. E incluso cuando eras pequeña, sabías que debías protegerte.

—Creo que lo estoy recuperando –dijo con un tono de sorpresa–. Siento cómo trabaja mi mente, mis sentimientos. Siento que estoy realmente aquí.

A menudo se ha dicho que abrirnos a nuestra esencia espiritual nos permite descubrir que estamos vivos en el momento presente, que estamos aquí, en este mismo instante. Cuando habitamos nuestro cuerpo, percibimos el momento presente en todo nuestro ser. Hace poco, un hombre que se estaba preparando para ser profesor del Proceso de Reconocimiento me dijo que se había pasado años armonizando con el «ahora», pero que, hasta aquel momento, jamás había podido percibir el «aquí».

Aplicaciones espirituales de la imaginación

Shana recurrió a su fértil imaginación para crear una máscara que la identificara y protegiera de la intensa sensación de sentirse distinta y estar desconectada en su hogar durante la infancia. Esa imagen de ser superior y sobrenatural le permitió mantener la cordura y conservar la suficiente autoestima para funcionar en la vida. Pero también perpetuó la percepción de ser un bicho raro y de estar desconectada de los demás, e incluso ensombreció la dimensión espiritual de su ser.

Sin embargo, cuando Shana se liberó de su máscara, no perdió por ello su excepcional imaginación, sino que descubrió que podía usarla conscientemente para crear la vida que deseaba. Durante varios meses, dedicó veinte minutos al día a visualizarse a sí misma como una vidente que poseía una floreciente consulta y que las personas que acudían a ella confiaban y apreciaban sus habilidades. Shana me dijo que tras unas cuantas semanas de realizar este ejercicio a diario, su consulta había doblado el número de clientes.

Aunque no sé cómo funciona exactamente, son muchas las personas que aseguran que el uso de la imaginación afecta a las circunstancias o a la salud. Los budistas tibetanos disponen de una técnica de visualización en la que se imaginan a sí mismos como una deidad. Dicha técnica les ayuda a cultivar cualidades positivas como la compasión o la claridad mental. Al imaginarnos a nosotros mismos como seres perfectos, hechos de luz, también podemos liberarnos de algunos patrones de protección que ensombrecen nuestra luz. No obstante, al final de la sesión de visualización, debemos disolver cualquier imagen que usemos para ayudarnos a mejorar. En caso contrario, se convertirá en un patrón de contención. La incorporación puede ayudarnos a pasar de una vida basada en una fantasía a tener una experiencia auténtica tanto de nosotros mismos como del mundo. La madurez espiritual es, por encima de todo, el proceso de volvernos reales. Ser reales significa ser receptivos a la vida en todos los aspectos de nuestro ser y estar completamente vivos en el interior de nuestro cuerpo.

EJERCICIO 13 • **Sentir cómo nos hemos organizado a nosotros mismos en relación con nuestros padres**

Siente que estás en el interior de todo tu cuerpo. Encuentra el espacio más allá de él. Experimenta que el espacio interior y exterior es un único espacio continuo. Imagina que uno de tus padres está sentado frente a ti.

Siente que el espacio que te impregna a ti también lo impregna a él o ella.

Centra la atención en el espacio que impregna todo tu cuerpo y su cabeza. Percibe o siente la cualidad en el interior de su cabeza. Mientras lo haces, presta atención a cualquier reacción en tu cuerpo (como, por ejemplo, una constricción).

Presta atención al espacio que impregna todo tu cuerpo y su cuello. Percibe o siente la cualidad en el interior de su cuello. Mientras lo haces, presta atención a cualquier reacción en tu propio cuerpo.

Presta atención al espacio que impregna todo tu cuerpo y su pecho. Percibe o siente la cualidad en el interior de su pecho. Mientras lo haces, presta atención a cualquier reacción en tu propio cuerpo.

Presta atención al espacio que impregna todo tu cuerpo y su abdomen. Percibe o siente la cualidad en el interior de su abdomen. Mientras lo haces, presta atención a cualquier reacción en tu propio cuerpo.

Presta atención al espacio que impregna todo tu cuerpo y su pelvis. Percibe o siente la cualidad en el interior de su pelvis. Mientras lo haces, presta atención a cualquier reacción en tu propio cuerpo.

Si alguna parte de tu cuerpo se ha contraído durante el ejercicio, regresa a la parte del cuerpo de tu padre o madre que ha evocado dicha constricción. Intenta sentir por qué te estás constriñendo a ti mismo en relación con tus padres.

Ahora intenta habitar la parte de tu cuerpo que habías contraído mientras sigues visualizando a tu padre o madre delante de ti. Armoniza con la cualidad de tu ser asociada a esa parte de tu cuerpo (comprensión, voz, amor, poder, género...).

Disuelve la imagen de tu padre o madre. Siente que ocupas el interior de todo tu cuerpo y entabla contacto profundo contigo mismo. Armoniza con la cualidad de tu ser en todo el cuerpo.

Capítulo 8

El extraño: el reto de la aceptación

Muchas personas espiritualmente dotadas crecen con la sensación de estar en el exilio, de ser «extraños en una tierra extraña». Como turistas en un país extranjero, parecen observar la vida desde un punto de vista ventajoso que los nativos del lugar no poseen. Ven las cosas desde la distancia, reconociendo patrones y divergencias que no pueden verse de cerca. Tienen la capacidad de ver las situaciones en su conjunto, y de ver más allá de las percepciones convencionales compartidas por su familia o la sociedad. Su don para percibir las situaciones de un modo integral les permite encontrar significados subyacentes en eventos que otros ni siquiera se detienen a considerar.

Esta sensibilidad puede evolucionar en visión de futuro, un aspecto integral de la madurez espiritual que puede facilitar el inmenso placer del pensamiento original y espontáneo. A su vez, puede terminar dando lugar a la sabiduría, y cuando se está unido a una capacidad emocional desarrollada, puede convertirse en compasión, la mezcla de comprensión y amor incondicional.

Sin embargo, este don también puede convertirse en una fuente de soledad y confusión. Durante la infancia, las personas con visión de futuro a menudo ven lo que no deberían ver. Ven a través de las máscaras del decoro, las sonrisas forzadas o las pequeñas y grandes mentiras que mantienen la paz aparente en el hogar familiar. Suelen perturbar la armonía artificial con sus observaciones, y a menudo se les hace responsables de la discordia que provocan. Como mensajeros de malas noticias, pueden convertirse en los chivos expiatorios de los problemas familiares. Son personas que no pueden tolerar los compromisos y que no pueden querer a medias, como los otros miembros de la familia.

La incapacidad para encajar en la propia familia es un terrible dilema para los niños, quienes por naturaleza necesitan amar y ser amados por las personas que les rodean. Tener que elegir entre la verdad de sus percepciones y el afecto familiar es muchas veces un desafío abrumador, y es algo que terminará afectando significativamente tanto a sus creencias como a su personalidad. Pueden llegar a la conclusión de que sus percepciones son sesgadas y crecer dudando de sí mismos pero también desconfiando de los demás, sin saber qué relato de los acontecimientos deben creer. O puede que protejan su sensibilidad por la verdad a cambio de privarse a sí mismos del amor familiar, adoptando el rol del espectador insensible. Es posible que se consideren a sí mismos peligrosos, o parias, expulsados del círculo familiar y social.

A medida que crecen, la búsqueda de algo auténtico y significativo puede hacerles descubrir una falta de significado. Pueden llegar a ser muy conscientes de la vanidad de las aspiraciones ajenas o de cómo la mortalidad se burla de toda ambición humana. Es posible que sean incapaces de encontrar una dirección en sus vidas que merezca la pena.

Las personas con dones visionarios pueden llegar a considerar que el mundo no es totalmente real, sino más bien un juego o una película. Para estos perspicaces observadores, los deseos y los fracasos que para los participantes son tan importantes pueden parecerles absurdos, mucho ruido y pocas nueces. Ellos no participan, por lo que no pueden verse afectados ni involucrados. No obstante, a veces quedan atrapados entre el rechazo de los valores convencionales y el descubrimiento o la valoración de los suyos propios. Han rechazado la acumulación de los logros, los compromisos y las posesiones que disfrutan las demás personas, pero todavía no han encontrado su propia fuente de la felicidad. Viven en el limbo entre la vida superficial que han rechazado y las profundidades donde yace la realidad que buscan.

Vivir en un mundo dañado

Ben acudió a mi consulta porque a los cincuenta años todavía no había encontrado una manera satisfactoria de ganarse la vida. Tras haber sido un rebelde y «vivir al límite» durante toda su vida, ahora que había llegado a la madurez se daba cuenta de que, en el fondo, se sentía fracasado en lo personal. Dedicó prácticamente toda la primera sesión a hablarme de los diferentes trabajos, en diversos lugares de Estados Unidos y de Europa, que había desempeñado desde la adolescencia. Me lo contó de un modo distante y tímido. Parecía asumir que yo lo consideraría un perdedor, y se refirió a sí mismo cómicamente como «el torpe». A pesar de todo, aún tenía una esperanza depositada en el futuro: esperaba que el «sistema» social se colapsara. Numerosas profecías situaban dicho colapso en una fecha relativamente próxima. Las predicciones imaginaban un mundo sumido en el caos, en el cual los bancos, los ordenadores y las agencias gubernamentales perecerían. Ben esperaba ansioso el final de un sistema social que consideraba corrupto, codicioso, superficial y violento. Sus expectativas iban más allá. Ben imaginaba que, durante el trastorno resultante, por fin encontraría su lugar en el mundo y se sentiría motivado a participar.

Las visiones apocalípticas, en las cuales los impíos son juzgados y los justos recompensados, han formado parte de nuestra tradición espiritual por lo menos desde los tiempos de los profetas del Antiguo Testamento. La Biblia conserva vívidas descripciones del horror y la furia que los profetas sentían al observar los defectos del mundo que les rodeaba. Muchas de las personas con las que me relaciono suelen expresar una indignación similar ante la injusticia y la contaminación en el mundo. Varios de ellos creen firmemente que nuestra sociedad está a punto de colapsarse y desaparecer. Aunque pueden hablar del tema con terror o con alivio, rara vez lo hacen con tristeza. Se sienten poco identificados o conectados con la sociedad en la que han crecido y no derramarían ni una lágrima si ésta desapareciera.

Al parecer, Ben había crecido en su Babilonia particular, en el seno de una familia cuyos miembros gozaban de mucho poder pero en quienes no se podía confiar. A los cinco años, Ben ya había rechazado todos sus valores.

—Podía ver las mentiras reflejadas en sus rostros –me dijo–, pero nadie más las veía. Todos pensaban que nuestra familia era genial.

Sin embargo, seguía siendo su familia y les quería; nunca fue capaz de liberarse por completo de su forma de ver el mundo, de su «sistema». Aunque se fue de casa en cuanto tuvo la edad suficiente para hacerlo, y pese a todos sus esfuerzos por evitar cualquier tipo de éxito financiero o social que reprodujera las ambiciones de su familia, Ben seguía viéndose a sí mismo con sus ojos desaprobadores. Esta desaprobación crónica le agotó las fuerzas y frustró su capacidad de iniciativa. Era el marginado, el fracasado. Estaba atrapado en mitad de la rebelión: rechazaba los valores familiares pero era incapaz de hacer algo positivo con los suyos propios.

Ben sabía que era una persona espiritualmente dotada. De hecho, varios maestros espirituales le habían animado a desarrollar su don. Ben estaba desconcertado por el hecho de que también se negara a desarrollar esas capacidades, un logro que estaba a años luz de cualquier cosa que hubiera intentado antes algún miembro de su familia. La práctica espiritual era una actividad fundamentalmente privada. Con ella, no obtendría el reconocimiento del mundo que había rechazado; incluso podía ayudarle a desprenderse de él. Cuando reflexionamos sobre esta cuestión, los ojos de Ben brillaron de anhelo, aunque no se parecía mucho a un anhelo espiritual. Era la misma expresión que tenía cuando me había hablado de la sensación de alejamiento respecto a su familia. Ben era incapaz de dejarla atrás, de convertirse plenamente en la persona que nunca llegarían a entender. Se aferraba a la esperanza de que, algún día, su familia cambiaría. Su capacidad visionaria no sólo le había revelado la avaricia destructiva de su familia, sino también el amor, dolorosamente contenido, bajo todo su miedo y su odio. Ben ansiaba la destrucción de todo el sistema en el que parecían florecer ciegamente para que pudieran ser libres.

A primera vista, Ben parecía estar atrapado en la futilidad. De hecho, era alguien extremadamente idealista. Mientras que la mayoría de la gente filtra las facetas más crueles de la sociedad, Ben las encontraba intolerables. Creía que la vida podía ser distinta e imaginaba que la bondad de la naturaleza humana saldría de su encarcelamiento y crearía un mundo nuevo sobre las ruinas del viejo. En este mundo nuevo, por fin sería capaz de respirar de verdad. Se sentiría vigorizado y tendría un propósito.

El cuerpo de Ben reflejaba la misma pasividad e impotencia que expresaba al hablar sobre su lugar en el mundo. Durante las sesiones, normalmente se sentaba con el pecho desinflado, hundido en el sofá en una actitud de derrota. Cuando le enseñé el ejercicio para habitar el cuerpo, me di cuenta de que bajo aquel exterior desinflado había tensión, una disposición a defenderse de los ataques físicos. Aunque su actitud parecía pasiva, no era receptivo a su entorno; no permitía que la vida saliera ni entrara en él.

Cuando le mencioné que tenía la sensación de que estaba preparado para la batalla, me aseguró que ningún miembro de su familia le había pegado jamás y que siempre había evitado los rudos juegos de sus amigos. Sin embargo, cuando fue consciente de la tensión en su cuerpo, recordó que de niño a menudo se había sentido amenazado en su casa.

—Eran sobre todo los sonidos –dijo–. El sonido de sus voces. Mi hermano y mi hermana siempre gritaban. No se peleaban exactamente. Creo que tan sólo competían por la atención. Eran muy competitivos entre sí.

—¿Por qué no competías con ellos? –le pregunté.

Me respondió con una leve sonrisa y, de repente, vi al niño que había sido: un niño extremadamente amable, inteligente, como salido de otra época. La amabilidad no había sido uno de los valores de su ambiciosa familia. En ella, sólo los torpes eran amables.

Mientras Ben practicaba el ejercicio para habitar su cuerpo, le indiqué que sintiera la suavidad y la ternura en el interior de cada parte del mismo. El amor es una de las cualidades esenciales de nuestro ser; podemos sentir que nuestro cuerpo está hecho de amor. También le pedí que se detuviera un momento en cada parte de su cuerpo para apreciar la ternura que contenía. Ben se mostró tanto avergonzado como aliviado de practicar aquel ejercicio de autovaloración. Para él, era como admitir algo que había mantenido oculto toda su vida.

Tras varios meses de práctica, ambos nos dimos cuenta de que, como consecuencia del trabajo de reblandecimiento del resto de su cuerpo, la tensión en su frente se había hecho más pronunciada. Le pedí que entrara en aquella parte de su cuerpo para descubrir qué sentía. Mientras Ben habitaba su frente, la familiar tensión regresó al resto de su cuerpo. Al cabo de un momento, me miró con una mezcla de triunfo y culpabilidad.

—Guau –exclamó–. Es la primera vez que me doy cuenta de esto. Creo que me tienen miedo. Saben que puedo ver cómo son realmente y me tienen miedo. Siempre he pensado que me rechazaban porque yo no podía estar a su altura. Pero tienen miedo. ¡Ja! Es como si me saliera una estaca de la frente.

Ben movió la cabeza lentamente de un lado al otro, como si quisiera poner de manifiesto la ferocidad de la estaca.

—Es realmente intimidante –reconocí.

Tras aceptar su suavidad, Ben debía reconocer ahora el poder de su visión. Estos dos atributos le habían convertido en un marginado en el hogar familiar. Durante las siguientes sesiones, Ben continuó practicando el ejercicio para habitar su cuerpo. Como tenía muchas dificultades para incorporar todo su cerebro, puse una mano a cada lado de su cabeza y le pedí que sintiera que estaba entre mis dos manos. Esto le ayudó regresar a una zona de sí mismo que no le resultaba familiar. Como le ocurre a mucha gente, Ben habitaba sobre todo la parte frontal de su cerebro. En su caso esto era particularmente acentuado, ya que, desde la infancia, había utilizado su inteligencia como un arma para contrarrestar y protegerse de la ignorancia que le rodeaba.

Al principio temía sentirse demasiado vulnerable si habitaba en toda la cabeza en lugar de hacerlo sólo en la parte frontal. También tenía la sensación de que, al extenderse desde la frente –«su estaca»–, se desplazaba hacia arriba y hacia delante, abandonando su cuerpo. Cuando finalmente fue capaz de habitar la totalidad de su cerebro, también fue capaz de descender al resto de su cuerpo. Por primera vez pudo percibir la cualidad real de su poder en el interior de su abdomen. Se puso a reír al sentirla.

—Pensaba que te lo estabas inventando –dijo.

A continuación, le pedí que se pusiera de pie y sintiera que estaba en todo su cuerpo al mismo tiempo.

—Armoniza con la cualidad de tu yo en todo tu cuerpo –le indiqué.

Cuando lo hizo, irradió una fuerza que no había visto en él hasta aquel momento. Al mismo tiempo, emanaba la dulzura y la humildad que le habían hecho sentirse tan aislado durante la infancia. La consciencia fundamental que impregna todo nuestro cuerpo es la integración del yin y el yang. Es a la vez vigorosa y tierna, activa y receptiva, vacía y radiante.

Una vez se hubo aceptado a sí mismo, tanto su dulzura como su poder, la relación de Ben con el mundo empezó a transformarse paulatinamente. Seguían sin gustarle muchas de las cosas que veía, y seguía convencido de que sólo un enorme cataclismo podría reparar el mundo, pero también comprendió que no tenía que esperar al apocalipsis para empezar a vivir cómo quería.

Aceptar nuestras heridas

Las personas espiritualmente sensibles a menudo se sienten intoxicadas por los elementos destructivos de su entorno, por lo que pueden entregarse a una práctica espiritual estricta con el objetivo de purificarse de estos elementos contaminantes y trascender las limitaciones de la vida mundana. No obstante, esta estrategia puede hacer que entren en conflicto con su entorno e incluso con su propia humanidad. Puede aislarlos en una burbuja de supuesta perfección constantemente amenazada por las interacciones con las otras personas. Además, cuando fracasan sus intentos por purificar tanto sus pensamientos como sus acciones, pueden ser víctimas de la autocrítica continua y la decepción. El ser humano dispone de un enorme potencial para la transformación. Podemos cultivar la compasión y despojar paulatinamente nuestras mentes de los pensamientos destructivos y las creencias restrictivas, pero no podemos liberarnos del miedo y la ira que dominan nuestra mente y nuestro cuerpo si seguimos sintiendo aversión por el mundo que nos rodea, o si sentimos repugnancia por nuestra propia imperfección.

Cuando Ruth acudió a mi consulta, pese a tener tan sólo treinta y pocos años, tenía muchísima experiencia en la práctica espiritual. Había estudiado con maestros budistas e hindúes muy venerados. Me dijo que dedicaba al menos dos horas diarias a la práctica espiritual. Aunque percibí una energía incesante bajo la superficie de su cuerpo, Ruth permanecía casi completamente inmóvil y sus ojos transmitían un vacío producto de la práctica, como si realmente no hubiera nadie al otro lado. Yo conocía bastante bien las enseñanzas de uno de los maestros espirituales que ella había mencionado, un enérgico anciano de mirada aguda y sonrisa radiante, muy distintas de la expresión vacua de la joven que tenía frente a mí. Aquella discrepancia me sorprendió, y me cuestioné qué se habría perdido en el camino entre profesor y alumna.

Cuando le pregunté sobre su infancia, Ruth se mostró sorprendida y decepcionada.

—Sólo existe el presente –me dijo.

—Sí –repuse–, pero lo que recibimos del presente está condicionado y limitado por nuestro pasado.

Ruth pareció debatir internamente durante un momento pero al final atendió a mi petición.

—Bueno, pues crecí en una especie de zona de guerra. Mis padres se peleaban sin parar, como una lluvia continua de misiles. A los nueve años, empecé a contar los años que me quedaban para poder irme de casa, y lo hice un segundo después de tener la mayoría de edad.

A los dieciséis, se convirtió en vegana. A los diecisiete, se marchó de casa para ir a vivir a una comunidad espiritual. Allí le enseñaron un mantra sánscrito que repetía todo el día.

—Por fin logré sacarme de la cabeza las voces enojadas de mis padres –dijo.

Mientras me contaba esto, sentí admiración por la poderosa determinación con la que se había entregado a la disciplina espiritual, y también compasión por la naturaleza vigorosa que era capaz de contener bajo la granítica figura que estaba sentada en mi sofá.

Durante los años de práctica espiritual, Ruth leyó muchísimas obras tanto de filosofía occidental como de literatura espiritual oriental. De las enseñanzas orientales había aprendido que ella no existía y que el mundo no era más que «una pompa de jabón». Aquello le produjo un gran alivio.

—Ahora los insultos me resbalan –aseguró.

—¿Quién te insulta? –le pregunté.

—¡Mucha gente! –dijo ella, exasperada por mi falta de comprensión–. Insultos, miradas ofensivas, comentarios estúpidos sobre mi dieta, cualquier tipo de comentario negativo. Lo importante es que ya no necesito reaccionar a todo eso.

—¿Qué se siente al no existir? –le pregunté.

—¿Qué se siente? No se siente nada. No es una experiencia. Simplemente no estoy aquí –respondió.

—¿Y qué sientes al no estar aquí?

—Como si no fuera nada, como la antimateria. Ni siquiera debería decir «yo» porque no hay ningún «yo», sólo vacío. Ni siquiera vacío porque entonces parece como si hubiera algo, *una vacuidad*. Y no es así en absoluto.

—Entonces ¿no experimentas nada?

—No, nada. Ya te lo he dicho, no hay nadie aquí que pueda experimentar algo.

Me dirigió una mirada desafiante. No aprobaba sus logros como ella había esperado que hiciera. Por fin comprendí la razón que explicaba la máscara de vacío en sus ojos y la rígida inmovilidad de su cuerpo. Tras leer todos aquellos libros, Ruth había adoptado el papel de la no existencia. Al recordarse continuamente a ella misma que no existía, ni tampoco el mundo que la rodeaba, había sido capaz de soportar las experiencias negativas de su vida sin reaccionar a ellas.

Sin embargo, esta aceptación abstracta del vacío, o de la nada, es muy distinta del reconocimiento de uno mismo y del mundo en tanto consciencia fundamental. Sentimos la transparencia resultante como si nos hubiéramos convertido en la nada, como si nos hubiéramos disuelto en el espacio. Pero el gran misterio es que seguimos aquí, más presentes en la vida de lo que nunca hemos estado.

Aunque, en ese instante no podemos observar ni reflexionar sobre nosotros mismos como un ser que percibe y reacciona de forma independiente, seguimos estando presentes, experimentando, percibiendo, reaccionando de un modo aún más intenso que antes del reconocimiento. No necesitamos permanecer inmóviles ni mantener una apariencia de vacío. Estamos hechos de un vacío inmóvil. En el interior de este vacío, la vida se mueve con fluidez, intensidad y espontaneidad.

Ruth creía haber encontrado la purificación definitiva. Tras años matando de hambre a su cuerpo físico, había encontrado el modo de librarse de sí misma, pero algo no terminaba de funcionar. Seguía sin encontrar la paz que anhelaba desde su infancia.

Hacia el final de la primera sesión, entendí por qué necesitaba mi ayuda. El año anterior había viajado a India con la intención de pasar el resto de su vida en el áshram de un maestro hindú. Al cabo de unos meses, para su sorpresa, el maestro le había pedido que regresara a su casa. Desde aquel momento, Ruth había tenido problemas para mantener su práctica espiritual. Sus sentimientos oscilaban entre la rabia por lo que interpretaba como el rechazo de su maestro y la duda paralizante respecto a sus habilidades espirituales, incluso sobre la validez del propio camino espiritual.

—Tal vez debería renunciar a todo y hacerme profesora o contable, como mi padre –dijo con amargura, y entonces me miró con un profundo desdén–. Pensaba que tú podrías decirme qué tenía que hacer –añadió–. Pero sólo eres una persona normal. –Y, súbitamente desamparada, añadió–: Necesito un poco de orientación, ¿sabes?

Nos quedamos en silencio durante varios minutos. Sus ojos ya no transmitían aquel vacío inalterable; ahora me miraba con abierta desconfianza e indignación. Cada pocos segundos cambiaba ligeramente de postura con un movimiento agitado, como diminutas explosiones estallando bajo su apariencia inmóvil. Recordé que estábamos en una «zona de guerra».

—Creo –dije finalmente– que si intentas deshacerte de ti misma, creas una grieta que te impide reconocer la totalidad. Y, por naturaleza, la totalidad está vacía, desvinculada del flujo de la vida.

La mirada de Ruth se hizo más intensa. Una nueva dosis de filosofía; algo más que debía entender.

—Entonces, cuando alcanzas la totalidad, ¿no te deshaces de ti mismo? –preguntó.

—En realidad, no –le dije–. Es más bien una fructificación de tu yo personal. El yo no desaparece, sino que despierta. La consciencia fundamental es nuestra propia subjetividad experimentándose, o comprendiéndose, a sí misma. El filósofo zen Nishitani lo describe como el «lado más próximo y absoluto de nosotros mismos».[12]

12. Nishitani, *Religion and Nothingness*, 106.

»Las falsas construcciones de nosotros mismos desaparecen cuando descubrimos nuestra esencia; nos deshacemos de las ideas fijas que tenemos sobre nosotros mismos y el mundo, pero los diversos atributos de nuestro yo personal no entran en conflicto con este reconocimiento de ningún modo. De hecho, al descubrir la esencia de nuestro ser, podemos acceder más fácilmente a nuestras preferencias, aspiraciones y talentos.

Ruth absorbió esta nueva información y dedicó unos momentos a digerirla. Tuve la sensación de que desaparecía en los oscuros recovecos de su cerebro y, por un instante, me planteé si iba a regresar. Finalmente, le pregunté:

—¿Qué opinas de todo eso?

—Oh –dijo–. Sólo me preguntaba si lo que has dicho es verdad. –En ese momento, su mirada desafiante también transmitía miedo.

—Sí, es una buena pregunta –le contesté–. Sólo te cuento lo que he aprendido desde la experiencia. Tú obtendrás tu propio conocimiento desde tu propia experiencia. –Ruth me miró con cierta sorpresa, y entonces una oleada de angustia recorrió su cuerpo, obligándola a contener las lágrimas.

Varios meses después, cuando habíamos aprendido a confiar la una en la otra, Ruth me explicó por qué aquel momento de nuestra conversación había sido importante para ella.

De repente, había recordado que cuando era niña, siempre había sabido lo que cada uno de sus padres necesitaba del otro, por qué se peleaban y cómo podían encontrar la paz mutuamente. Aunque para ella estaba muy claro, cuando trataba de explicárselo a ellos, desechaban sus ideas al considerarlas una tontería. La respuesta favorita de su padre era: «Tú no sabes nada».

—Creo que esa frase sigue resonando en cada una de mis células –me dijo–. Me he esforzado mucho para saber algo.

Cuando le enseñé el ejercicio para habitar su cuerpo, la agitación en su cuerpo se hizo más obvia. Cambiaba continuamente de postura, agitaba las manos o sacudía la cabeza, como si estuviera tratando de librarse del zumbido de un mosquito. Al final, casi me gritó:

—No quiero hacer esto. No quiero estar aquí. No tengo que estar aquí.

Decidí guardar silencio mientras sus palabras resonaban en la habitación. Ruth no necesitaba mi permiso para marcharse. Además, sus palabras tenían un significado más profundo, un significado que había dado forma a su vida a pesar de que jamás había sido declarado del todo.

En el silencio que siguió, Ruth empezó a asentarse con más profundidad en el interior de su cuerpo y cesaron los temblores y sacudidas. Finalmente, me dijo:

—Es como una sensación de humildad.

—¿El hecho de estar aquí?

—Sí. Es como si tuviera que aceptar este momento, vivirlo realmente. Ser simplemente espacio para estar a la altura de esa humildad.

—¿Te sientes vulnerable? –le pregunté.

Ruth reflexionó sobre ello durante un momento. Entonces sonrió y, de repente, todo su cuerpo pareció cobrar vida.

—No –dijo–. Me siento muy fuerte. Humilde y fuerte.

Cuando continuamos, le di instrucciones para ayudarla a acomodarse en el interior de su propio cuerpo.

—Siente que estás en el interior de tus piernas. Asiéntate en su interior. Siente que estás en el interior de tu pelvis. Asiéntate en su interior.

Con un poco de práctica, Ruth descubrió cómo asentarse en el interior de cada una de las partes de su cuerpo. También sintió cómo cada una de esas partes descansaba en la parte inferior de la misma; por ejemplo, como el espacio interno del pecho descansa en el espacio interior del abdomen.

Esto le ayudó a sentir la continuidad interior de sí misma, como si fuera una columna continua de espacio interno. Asimismo, cada cualidad de su ser descansaba en la cualidad inferior (la cualidad del amor descansa en la cualidad del poder), de modo que todas sus cualidades formaban una continuidad. Todas juntas producían una única cualidad: la sensación de estar viva.

En cuanto Ruth pudo sentir claramente que el espacio interior y exterior de su cuerpo era el mismo espacio continuo, seguí adelante con las instrucciones.

—Siente que no hay diferencia alguna entre tu yo y el espacio –le dije–. Tú eres el espacio. –Ruth fue capaz de hacerlo sin ninguna dificultad. Había desaparecido y, sin embargo, todavía estaba presente, alerta y sonriéndome.

—Ahora –continué–, como eres ese espacio, puedes dejar ir todo el contenido de la experiencia. Puedes liberarte de tu experiencia interior y de la habitación. Todo seguirá en el mismo sitio, pero tú habrás dejado de agarrarte a ello.

—Siento que no quiero hacerlo –dijo ella.

—¿Por qué no? –le pregunté.

—Creo que si me dejo ir, los misiles volverán a volar sobre mi cabeza, que ocurrirá una catástrofe. –Volvió a dirigirme una mirada levemente desafiante–. Vas a decirme que todo sucede por una razón –dijo.

—Simplemente deja que fluya; todo pasa por un motivo.

Le devolví la mirada en silencio.

—Pero no puedo saberlo, ¿verdad? –añadió–. Para mí ya no es suficiente con creer en algo.

Guardamos silencio durante un buen rato y Ruth pareció relajarse.

—Creo que tengo que aceptar la realidad, incluso si es mala, incluso si las cosas suceden sin un «buen motivo». He de dejar que la vida siga fluyendo, tanto lo bueno como lo malo. Puedo hacerlo. –El espacio se llenó de un profundo sentimiento de satisfacción. Ruth había iniciado el camino para reconciliarse con un mundo duro e impredecible, no ignorándolo, sino abarcándolo.

* * *

La aceptación de nuestra humanidad es un requisito necesario para el descubrimiento del fundamento trascendente de nuestra humanidad. Si recurrimos a nuestra inteligencia para distanciarnos de nuestras emociones y sensaciones, o del mundo que nos rodea, nos fragmentaremos y eclipsaremos la esencia unificada de nuestro ser.

En cuanto entramos en contacto con el espacio interior de nuestro cuerpo, nos abrimos a la vida. Y cuando nos abrimos a la vida, la trascendemos. Experimentamos y nos liberamos de nuestra experiencia al mismo tiempo. La vida fluye a través de nosotros.

EJERCICIO 14 • **Caminar como consciencia fundamental**

Te sugiero que practiques este ejercicio en el exterior y que experimentes cómo el espacio que impregna tu cuerpo también impregna el cielo, la tierra, los árboles y las demás formas de la naturaleza. Encuentra un tramo de suelo llano donde puedas caminar cómodamente.

Sitúate de pie y con los ojos abiertos. Siente que ocupas el interior de tus pies. Experimenta que no hay separación entre tu cuerpo y el suelo. Siente que estás dentro de todo tu cuerpo al mismo tiempo. Armoniza con la cualidad de tu ser interior en todo tu cuerpo.

Empieza a caminar lentamente mientras permaneces en el interior de todo tu cuerpo y en armonía con la cualidad de tu yo.

Ahora encuentra el espacio más allá de tu cuerpo. Experimenta que el espacio interior y exterior de tu cuerpo forman un único espacio continuo.

Camina lentamente mientras experimentas el espacio que impregna tanto tu cuerpo como tu entorno al mismo tiempo. Permanece dentro de tu cuerpo mientras lo haces.

* * *

Gran parte de nuestro legado religioso, tanto en Occidente como en Oriente, devalúa la vida. Ésta no es una enseñanza madura. Para descubrir la verdadera dimensión espiritual de la vida, debemos permitir que nuestra experiencia quede registrada con toda su intensidad, en todo nuestro cuerpo y en todo nuestro ser. Al habitar nuestro cuerpo, somos capaces de soportar dicho impacto y cultivar sus enseñanzas. Nos convertimos en la transparencia indestructible y en la capacidad de respuesta espontánea de nuestra naturaleza fundamental.

Hace poco, el joven que he mencionado en la introducción me contó que desde que había entrado en su cuerpo, siente «menos distancia» entre sí mismo y el mundo. Ahora se siente más presente en su cuerpo y observa con mayor detenimiento su entorno, dos aspectos que han sustituido su anterior lucha con la sensación de vergüenza y su miedo paralizante a ser visto y juzgado por los demás.

Cuando me contó esto, inmediatamente me vi a mí misma en aquel andén de metro, tantos años atrás, sintiéndome tan distinta del resto de la gente que pensé que nunca sería capaz de superar el abismo que me separaba del mundo a mi alrededor. Desde entonces, la gradual maduración interior, el asentarme en mi propio cuerpo como consciencia fundamental, como subjetividad pura que es la misma para todos, ha eliminado la ilusión de distanciamiento entre mí misma y los demás.

Espero que este libro te haya ayudado a aceptar y apreciar mejor tu sensibilidad, tu profundidad emocional y tu gran mente. Cada uno de estos dones es una puerta de entrada a tu auténtica naturaleza, la cual es más milagrosa que todo lo que puedas imaginar. Como hemos visto a partir de los casos que hemos descrito, y como puedes descubrir a partir de tu propia experiencia, estos dones pueden provocar mucho dolor pero también mucha alegría. Recurrimos a ellos para sanar determinadas heridas, para enfrentarnos a desafíos específicos en nuestra relación con el mundo. Crean, para cada uno de nosotros, un camino particular hacia la vasta extensión del núcleo de nuestro ser. Sabemos cuál es nuestro lugar cuando encontramos, dentro de nuestro propio cuerpo, el fundamento que nos conecta íntima y directamente con el resto de la vida.

Acerca de la autora

JUDITH BLACKSTONE desarrolló el Proceso de Reconocimiento, una innovadora integración de despertar espiritual no dual, sanación psicológica e incorporación. Judith realiza talleres y cursos de capacitación docente en el Proceso de Reconocimiento tanto en Estados Unidos como en Europa. Es psicoterapeuta en la ciudad de Nueva York y autora de *The Intimate Life*, *The Empathic Ground*, *The Enlightenment Process* y *The Subtle Self*. Es la directora y fundadora del Nonduality Institute, en Nueva York.

Judith empezó a actuar a los diez años en una compañía de danza de Nueva York. Se dedicó a la danza durante quince años, hasta que una lesión en la espalda le hizo descubrir el camino espiritual. Lleva más de cuarenta años dedicándose a la terapia de la meditación y ha estudiado con maestros budistas hindúes, zen y tibetanos. El Proceso de Reconocimiento surgió más allá de las enseñanzas tradicionales, en respuesta a las necesidades de nuestro tiempo. Para más información sobre el Proceso de Reconocimiento, visita judithblackstone.com

Índice